belle vue

人生風景・全球視野・獨到觀點・深度探索

belle vue 07

幸福的抉擇：智慧和愛相伴的哲思旅程

作　　者　菲德立克・勒諾瓦（Frédéric Lenoir）
譯　　者　馬向陽
主　　編　曹　慧
美術設計　三人制創
社　　長　郭重興
發行人兼出版總監　曾大福
總 編 輯　曹　慧
編輯出版　奇光出版
E-mail: lumieres@bookrep.com.tw
部落格：http://lumieresino.pixnet.net/blog
粉絲團：https://www.facebook.com/lumierespublishing
發　　行　遠足文化事業股份有限公司
http://www.bookrep.com.tw
23141新北市新店區民權路108-4號8樓
電　　話：(02) 22181417
客服專線：0800-221029　傳真：(02) 86671065
郵撥帳號：19504465　戶名：遠足文化事業股份有限公司
法律顧問　華洋法律事務所　蘇文生律師
印　　製　成陽印刷股份有限公司
初版一刷　2016年3月
定　　價　320元

國家圖書館出版品預行編目資料

幸福的抉擇：智慧和愛相伴的哲思旅程 / 菲德立克・勒諾瓦（Frederic Lenoir）著；馬向陽譯. -- 初版. -- 新北市：奇光出版：遠足文化發行, 2016.03
面；　公分

譯自：Du bonheur : un voyage philosophique

ISBN 978-986-92761-0-8(平裝)

1.幸福

176.51　　105000287

線上讀者回函

Du bonheur
un voyage philosophique

幸福的抉擇

智慧和愛相伴的哲思旅程

親愛的萱治：
感謝熱愛生命
的妳!!
謝謝生命中的陪伴!!

2016.7.27. 萱姐

Frédéric Lenoir
菲德立克・勒諾瓦 著　　馬向陽 譯

Contents

推薦序一

獲得幸福是人生的首要課題

苑舉正，國立台灣大學哲學系教授

幸福，是最普遍的人生目標，也是最困難的哲學概念。人活著就是追求幸福，所有的哲學家也不例外。但是，想要說明幸福是什麼，幸福是什麼樣的感覺，如何達到幸福，則是困難的哲學課題。

說明幸福的困難，來自於這個概念的四項特性：主觀性、複雜性、間接性與終極性。幸福是主觀的，因為這種愉悅的感覺，必然來自於個人的認知，不會是他人的教導。這個事實，導致每一個人都是有無幸福的仲裁者，往往也在主觀的認知下，成為幸福的定義者。

其次，幸福是很特別的感覺，與一般生活中的快樂、滿足、愉快、喜悅、美妙、歡樂都不同。這些正面的感覺，與幸福不同的關鍵在於它們都是某一事件可以引發的，而幸福遠較這些感覺來得複雜。幸福的感覺不是來自於特定的事件，卻包含了長期各種正向力量的匯集。關鍵是，一成不變的固定生活不必然是幸福，卻也沒有人會宣稱一個持續變動中的生活是幸福的；幸福很複雜。

所以，縱使人人渴望幸福，但沒有人知道，做什麼樣的事情可以保證獲得幸福。雖然人人期待活得快樂，但我們都知道，短暫的快樂不能與作為人生終極目標的幸福，相提並論。在闡明人生意義的思考中，所有的哲學家都無可避免地面對說明幸福的困難。

本書的特色，就在於從各種不同的角度，詮釋幸福在人生中的複雜性。當作者從古今中外的哲學理論中，有條不紊地敘述幸福的意義時，他也不忘針對幸福的定義、感覺與獲得做各樣的解釋。尤其重要的是，作者也提到獲得幸福的生理觀：獲得幸福的原因中，有50％是基因決定的，10％得自外在生活環境的好壞，還有40％則依賴個人的努力。哲學家的論述，就是針對這40％提供建議。

這本針對幸福所作的書，對人的理性與能力抱持樂觀與務實的態度。樂觀的原因是，人人經過自我修為可以達到幸福，而這也是一個理想人生應當努力的目標。作者的態度也是務實的，不忘現實生活。他同意，如果金錢能夠對獲得幸福有幫助，就應當欣然以對；如果生活規則過於禁欲時，像蒙田與莊子般用幽默感嘲弄它們，也是獲得幸福的催化劑。

閱讀本書，我充分地體會，如何獲得幸福就是人生的首要課題。在理解這個課題的過程中，我們不但要注意自己的感受，懂得社會的期待，更要理解人與人之間互動的默契。本書讓我感觸最深的觀念，就是獲得幸福的要領，必然來自於愛人與被愛的事實；在一個沒有互動與相愛的環境中，任何感受都不會是幸福的。

我訝異於作者的博學，也佩服他能夠揉合東西文化的精華。這本討論幸福的書，在佛陀、智者、聖賢、甚至老子與莊子的思想結合中，告訴我們存在世界各個角落的智慧，正是打開寶塔大門，取得幸福的鑰匙。基於以上所述，我向社會大眾鄭重推薦此書。

推薦序二

與智慧相伴的幸福旅程

梁家瑜，Phedo台灣高中哲學教育推廣學會祕書長

二十一世紀的第二個十年還沒過完，所有人都已感受到台灣社會正在經歷的深刻轉變，這場轉變呈現為兩個現象：首先，是青年世代大舉投身公共事務，尤其以二〇一四年的三一八運動為代表，這個現象至今還在現實環境中帶來持續的影響；再者，則是哲學再次進入公眾的視野，這包含了新一代哲學人的努力[1]、第一世界文化力量的傳播效果[2]、以及公民運動與哲學人聯手介入公共輿論的嘗試[3]。短短幾年內，哲學似乎變得較以往入時了些。這股新興的小潮流當然有台灣當前政經社會大環境的背景但事實上，這個在地、此刻的現象，正好

1 例如《哲學哲學雞蛋糕》的作者朱家安，網路廣播《哲思台灣》，以及網路傳媒《哲學新媒體》。
2 例如麥可．桑德爾的《正義》旋風，或是媒體數年來對法國高中畢業會考哲學考題的報導。
3 例如沃草公民學院的《烙哲學》專欄，或是在全國各地出現的公民論壇「哲學星期五」。

也反映了哲學史上一再出現的狀況：動盪的環境激勵思想者做出回應。從某種古典的角度而言，台灣正在發生的，正回應著柏拉圖在《理想國》中所說的：城邦的衛士要有哲人的氣質（見〈卷二〉）。

然則，在一片眾聲喧嘩中，大眾對於哲學觀感的改善，並不必然代表哲學本身在公眾間得到更深入的認識。而不論是哲學評論或是公民論壇所進行的普及工作，也未必能讓逐漸普及的哲學免於在各色文史政經的論述當中變得模糊難辨。說到底，哲學代表了人類追尋智慧的長遠歷史，這樣數百代人前仆後繼所累積的成果，要在這個快速閱讀、快速評論的時代中被呈現與接受，並不這麼容易。

然而，如果我們回頭看看這一切是怎麼開始的，或許反而能夠找到足以抵抗網路時代淺薄化習慣的支點。在哲學亙古不息的追問中，「何謂美好的生活」或許是最古老的問題，同時又是未曾得到圓滿回答的問題。正是出於對美好人生的追求，讓人類的哲學史得以展開。就此而言，這本法國哲學家菲德立克・勒諾瓦的《幸福的抉擇：智慧和愛相伴的哲思旅程》，正是我國讀者在試圖詢問「哲學是什麼」這一問題時，值得參考的著作。特別是，勒諾瓦本人除了哲學家的身分外，同時還是社會學家、宗教史學者，這樣多元的觸角，也讓這本不算厚的作品，討論更為全面，論據也更容易被非哲學背景的讀者接受。

本書追問的是「幸福」，追問的方式是隨著歷史上的其他哲學家一起進行思想對話。作者並未選擇所有經典的哲學家，而是以主題分章節，每章都代表了問題的某個重要的側面。而在他的章節安排與行文中，有兩點特別值得提出，與對哲學有興趣的讀者分享。

首先，儘管這是本面向公眾的哲學著作，卻不是介紹哲學思想或方法的哲學教材，而是作者藉著問題展現自己如何追問「何謂幸福」的過程，因此，我們可以看到作者在旁徵博引社會學、心理學、宗教學的思想之外，他對於眾多被引述的哲學家也無懼於提出自己不同的觀點，同時也不吝於以自身修行的經驗作為參照。這展現了某種哲學的精神：哲學的閱讀、思考與寫作，不是為了服從權威，而是為了思想本身，而這又必然是「我」反思過後的思想，因此我們儘管未必需要同意作者的觀點，但作者的態度本身卻值得我們放在心上。

第二點是，在最後幾章中，作者特別提出了三組對比：佛陀與伊比鳩魯、蒙田與莊子、斯賓諾沙與阿難達瑪依·瑪。這幾組對比展現了，在追問幸福的哲學旅途上，作者並不介意風景究竟是在東邊還是西邊的車窗。在台灣，由於歷史的緣故，對於思想的接觸很容易受到民族自尊心的影響，經常跳不出某種對立的框架。但哲學既然屬於人類追尋美好生活的一部分，那這樣的對立在哲學中就必須要受到一定的限制，不能無限上綱到取消普世人性的存在。學術討論可以深入辨析不同哲學史傳統的差異，但在公眾間分享哲學思想的時候，作者的做法無疑較能免於扭曲的後果。

作者在結語引用了斯賓諾沙《倫理學》的結語（這顯然表現了作者內心的意向）：「美好的一切總是既艱難又罕見，」並說「這總是讓我禁不住要沉思一番」。對於以哲學作為志業的人來說，這是珍貴的提醒，但對於初嘗哲學滋味的讀者而言，這趟追尋幸福的哲學之旅，事實上已足以回味再三。作者的筆調深入淺出，不乏誠摯與有趣的反思，讓讀者可以在本書的不同站（不同章節）裡忘懷流連。本書作為這趟旅程的陪伴，本身就展現了哲學的意涵：一種與智慧之間的友愛關係。

0

序言
Prologue

我們必須思考什麼能帶來幸福，
因為有了幸福就擁有一切，
沒有幸福則會竭盡所能得到它[1] 。

伊比鳩魯[2]

1 | 伊比鳩魯，《至美內希的信》，122。
2 | 譯註：伊比鳩魯（公元前 341- 公元前 270），古希臘哲學家、伊比鳩魯學派創始人。

幾年來我一直計畫寫本關於幸福的書，但幾年來這項計畫也不斷延後。雖然追求幸福肯定是世上最能引起共鳴的話題，但要把它寫出來並不容易。我跟很多人一樣，對這兩個字遭到濫用感到生氣，尤其是那些廣告，還有不可勝數的書籍刊物聲稱是幸福的「教戰守策」。由於這麼多關於幸福的胡言亂語，導致這個議題受到糟蹋，變得讓人聽都不想聽。不過在平庸化與看來單純的外表之下，幸福的議題依然是那麼有吸引力，需要就許多難以釐清的要素加以思索。

主要在於幸福的本質：就某方面而言，幸福和水或風一樣難以捉摸。當我們認為自己占有了它，它已離去。如果試著抓住它，它又轉眼消失無蹤。它偶爾會在我們期待它出現的時候藏起來，又在最出乎意料的時刻突然出現。有時甚至要到大難臨頭了，我們才認出什麼是幸福。

賈克・沛維（Jacques Prévert）[3]寫得好：「我在幸福離去時的喧鬧認出了它的身影。」然而我自己體驗過幸福，追求幸福並不是無意義的探索。經由思考生命，檢視自我，學習做出明智的抉擇，甚至改變自己的想

3 ｜ 譯註：賈克・沛維（Jacques Prévert，1900-1977），法國詩人、劇作家。

法、自己堅信不移的念頭，以及一直以來我們對自己、對世界的看法，我們確實能夠更幸福。

幸福最有悖常理的，是它既無法征服也不能馴服。它不僅包含在命運裡，含有運氣的成分，也屬於理性與有意識的行為。大約兩千五百年以前，希臘哲學家亞里斯多德就已經指出幸福的含糊不清：「很難知道幸福是否可以學習，還是藉由習慣或其他鍛練就能獲得幸福，或許它根本就來自天賜的恩惠，甚至是因為偶然才降臨在我們身上[4]。」

思索的過程還有另一個難處，它和幸福的關係極其密切，那就是幸福隨著文化與個體的不同而改變，就算對每個人來說，在生命的不同階段也會出現差異。幸福通常表現為我們沒有的東西：對病人而言，幸福在於健康；對失業的人來說，幸福就是工作；對某些單身的人是伴侶生活……而對有些已婚者則是回歸單身！在這些差異之中，還加入了主觀的價值：藝術家在進行藝術活動時很幸福，知識份子樂於運用他的思想，容易動情的人則是在談戀愛的時候。精神分析之父佛洛伊德清楚闡明了這一點，他

4 ｜ 亞里斯多德，《尼各馬科倫理學》，I, 10。

說：「個人的心理結構具有決定性的意義。由情欲占據主導地位的人，會視自身與他人的情感關係為優先；自戀的人因自體而稱心如意，從內在的精神現象中尋求必要的滿足；行動者則始終與外在世界相連，在那兒他可以檢驗自己的能力[5]」。這也解釋了，為什麼適合眾人的幸福「教戰守策」並不存在。

那麼難道所有關於幸福的哲學思考都是徒勞？我可一點也不這麼認為。幸福的性質難以捉摸，既有相對性也有主觀性，可是指出這個特性，繼而了解這個特性，不論整個過程再怎麼有趣，在探討幸福的議題上，仍有未竟之處。況且生命的法則與人性的運作，也對它產生強烈的影響，要了解這些，我們可以研究古典哲學，也可以利用科學的研究方法，像是心理學、社會學、生物學與認知科學。

相對於過去的大思想家，要是二十一世紀的哲學家對這主題有什麼新的內容要說，必定是從現代科學汲取養分。同時也從交叉匯集的各種知識，甚至是最古老的學問獲得幫助，因為今日我們有幸能接觸世界上來自

5 | 佛洛伊德，《文明及其不滿》，Seuil，2010，p.75。

所有偉大文化的智者見解。畢達哥拉斯、釋迦牟尼和孔子極有可能屬於同一時代，大可以進行對談，但地理和語言的障礙讓他們根本不可能會面。今天，我們可以藉由閱讀對照他們流傳下來的文字與他們交流，當然要好好把握。

古人對幸福的偶然性與它歸根結柢的不公平深信不疑，所以它的好幾種語源幾乎都指向運氣或命好的概念。像是希臘文的eudaimonia，可以理解為擁有好的神靈。類似我們現今說的：擁有守護天使，或是好星入宿。法文的bonheur（幸福）來自拉丁文bonum augurium，意指「好兆頭」，或「好運氣」。英文happiness的字根源自冰島文happ，意指「幸運」。而且「幸運」在擁有幸福的事實中，的確占有一席之地，這一點可能是因為幸福頗為仰賴我們的敏感度、我們的生物遺傳，還有生長的家庭與社會、讓我們產生變化的環境，以及生活中的種種遭遇。這部分我們稍後再來討論。

如果真如上面所說，我們因為天性或命運，而傾向於感到幸福或不幸福，那麼對它的思索是否能幫助我們變得更幸福呢？我相信是的。這個經驗已讓無數的科學調查加以證實，顯示出我們會感到幸福（或不幸福），自己也擔負起某些責任。幸福一方面不為我們所掌握，但又取決於我們。我們受到條件的限制但沒有被限定來變得比較幸福或比較不幸福。

所以我們有這個天賦，尤其是能運用我們的理智與意志，來增加獲得幸福的能力（但不保證追求幸福就一定成功）。許多哲學家也擁有這個信念，所以撰寫關於「道德」的作品，講述什麼足以引領我們過上最好、最幸福的生活。再說，這難道不是哲學存在的主因嗎？

雅典智者伊比鳩魯的年代略晚於亞里斯多德，表示「哲學這項活動，是藉由推論與述理的過程，為我們帶來幸福的人生[6]」。追求「美好」或「幸福」的人生，就是大家所說的智慧。也因此「philosophie」（哲學）這個字，在字源上的解釋是「對智慧的愛」。哲學教我們好好思考，以嘗試生活得更好。不過，在哲學的領域並不僅限於想法，也有講究實際的一

6｜伊比鳩魯，《信與麥克辛》（*Lettres et maximes*），PUF，1987，p.41。

面，依照古人的方式，可以體現為心理與心靈的修習。大學造就專門的人才，如同古代哲學意在對人的培養。就像皮耶・阿多（Pierre Hadot）[7]在他全部的著作中都表示過，「在古代，真正的哲學是心靈的鍛練[8]」。而且希臘和羅馬哲學家的作品，大部分「源於教授哲學的學校，此處所指的學校承載著最具體的含義，在學校中，教師培養弟子並努力引領他們改變並實現自我[9]」。

廣義來說，我想為讀者提供的是哲學之旅。這段旅程絕非直線前進，也不遵循任何作者或觀念出現的時間順序，因為那樣一來可能會顯得通俗又無聊。我的做法應該算是逐步推進，越活潑越好，再加上提問與實例，讀者在過程中也會接觸到心理學家的分析，以及最新的科學資料。旅程中會出現生命規則或心靈修習的疑問和範例，此外還有過去的偉大哲人一路相伴——從佛陀經過亞里斯多德、莊子、伊比鳩魯、愛比克泰德、蒙田、斯賓諾莎，直到叔本華——他們為幸福人生提出了所有的問題與實踐。

7 | 譯註：皮耶・阿多（Pierre Hadot，1922-2010），法國哲學家。

8 | 皮耶・阿多，《心靈修練與古代哲學》（*Exercices spirituels et philosophie antique*），Albin Michel，2002，p.65。

9 | 同上，p.66。

在哲學之旅動身前，我還想用些篇幅就目前所謂的幸福，向自己提出疑問。我們其實可以發現，在一般大眾對幸福的迷戀（經由媒體推波助瀾），以及為數不少的知識份子和教育界對幸福採取冷漠甚至輕蔑的態度，兩者之間存在強烈的對比，乍看頗令人驚訝。密斯哈伊（Robert Misrahi）[10]是評註斯賓諾莎的專家之一，曾以幸福為主題發表了出色的個人論述，他這麼自省：「目前我們正處於一種奇怪的矛盾。不論在法國或全世界，大家都憧憬具體的幸福，它能披著各種不同的外衣，但是哲學卻致力於研究語言和知識的表現形式，要不然就是哲學其實也要求具體，只不過偶爾會熱中於描述所謂的悲劇性[11]。」面對幸福這個議題所表現出的冷漠或懷疑的理由是什麼？相反地，又該如何解釋目前廣大群眾為何如此鍾愛幸福？

基督教精神認為真正的幸福只能在來世找到，蒙田和斯賓諾莎則跨越基督教精神，重新和古代哲學連結，成為現代哲學尋找幸福的先驅。十八世紀是啟蒙時代，這方面的論述迅速增加。聖茹斯特（Saint-Just）[12]寫

10｜譯註：密斯哈伊（Robert Misrahi，1926~），法國哲學家。

11｜密斯哈伊，《幸福，論喜悅》（*Le Bonheur. Essai sur la joie*），Edition Cécile Defaut，2011，p.25。

12｜譯註：聖茹斯特（Saint-Just，1767-1794），法國大革命時期的政治人物。

道：「幸福在歐洲是嶄新的概念[13]」，而且「追求幸福」甚至被視為人類不可剝奪的權利，寫進了美國獨立宣言（一七七六）。追求幸福變得大眾化，伴隨著群體對社會發展的渴望。然而，自十九世紀開始，隨著眾人對社會進步的渴求愈漸擴大，追求個人幸福反倒引出了批判的聲音。它首先出現於浪漫主義運動：「不幸」，顯然更為真實，更具有人性，更感人也更具有創造力。人們發展出「憂鬱」，它是靈感的主要來源，認為悲劇與痛苦的美感值得稱讚，富有創造性。追求幸福，被看成是資產階級為了過得舒適安穩而關心的事，於是受到輕視，遭到詆毀。福樓拜還為此下了充滿嘲諷的定義：「人笨，又自私，身體健康：這就是幸福人生的三個必要條件。不過要是缺了第一條，就什麼都沒了[14]。」還加上另一句更為激進的批評：歸根究柢，追求幸福沒什麼用。因為大家要不就是認為幸福的生活，完全取決於個人的敏感度（叔本華）或是社會與經濟的條件（馬克思），要不就是把幸福看作是短暫的狀態，「時有時無的現象[15]」（佛洛伊德），脫離了所有關於自身存在的真正思考。二十世紀的悲慘事件使得歐

13｜聖茹斯特，《聖茹斯特作品全集》。

14｜福樓拜，《致路易絲·科萊書信集》，1846 年 8 月 13 日。

15｜佛洛伊德，《文明及其不滿》，已錄，p.64。

洲的知識份子更為悲觀，「恐慌」成為研究的重點（海德格、沙特），同時，對幸福的追求就被擱置在過時的烏托邦裡了。

然而，等到偉大的政治意識形態無法讓世界變得更美好，還在崩解的過程中破壞了信仰，締造出現代性的迷思，此時個人幸福的議題就強有力地捲土重來。首先是一九六〇年代美國的反文化運動。透過東方精神與現代心理學的整合，為後來我們所說的「個人發展」增加了最初的體驗，目標就是提高個人的創造潛力，好盡可能地感到幸福。最美好的部分——尤其是「正面心理」，與最糟糕的部分一路並肩而行，結果就產生了簡單迅速又廉價的「新時代」（New Age）幸福。

二十年後的歐洲，尤其是法國，視哲學為智慧，對它產生了新的興趣。好幾個哲學家敢於再度提出並重新思考幸福的議題：阿多、康士（Marcel Conche）[16]、密斯哈伊，還有康特-斯龐維（André Comte-Sponville）[17]、翁福雷（Michel Onfray）[18]和費希（Luc Ferry）[19]，他們的重要貢獻讓以下這個研究角度重新變得大眾化：「如果哲學不能幫助我們

16｜譯註：康士（Marcel Conche，1922~），法國哲學家。

17｜譯註：康特-斯龐維（André Comte-Sponville，1952~），法國哲學家。

18｜譯註：翁福雷（Michel Onfray，1959~），法國哲學家、散文作家。

19｜譯註：費希（Luc Ferry，1951~），法國散文作家。

變得更幸福，或是比較不那麼悲慘，那麼哲學還有什麼用[20]？」康特-斯龐維如是說。為了同樣的理由，東方智慧挑撥起西方人越來越多的好奇心，尤其是以幸福為中心思想的佛學。今日西方失去了群體的意義與參考點，於是，發展自我、培養哲學智慧、關注源自亞洲的靈修，這三者的聚合便滋養出個體對幸福以及自我實現的再次追求。

然而絕大多數的知識菁英仍然抱持懷疑的態度。有些來自於剛才提到的理由（悲觀主義與悲劇美學），也是我不認同的想法，有些則是出於我能接受的理由，像是難以確定幸福的概念，或是面對幸福的商品化，以及大量內容貧乏的著作扭曲了幸福，將幸福庸俗化，真是令人感到氣憤。如此一來，合乎常情的作法就是，凡追求幸福一概加以嘲笑，並堅持事事不順與痛苦（尤其是愛情）的必要性，這樣就能在無所求的情況下，品嘗生命為我們獻上的片刻至福。散文家卜克內（Pascal Bruckner）[21]，曾經就現代人追求幸福的方式著有精彩的評論，便一語中的道出：「我太熱愛生命，要的只是幸福[22]。」

20｜康特－斯龐維，《幸福，不顧一切》（Le Bonheur, désespérément），Librio，2009，p.11。

21｜譯註：卜克內（Pascal Bruckner，1948~），法國小說家、散文作家。

22｜卜克內，《幸福書．追求生命中的永恆喜悅》（*L'Euphorie perpétuelle. Essai sur le devoir de bonheur*），Grasset，2000，Le Livre de Poche，2002，p.19。

我想，某些知識份子與教育界人士在面對這個主題時，之所以仍有所保留與抱持懷疑，還有另外一個比較難以啟齒的理由，就是我們很難在討論幸福的時候不把個人牽連進去。我們可以永無止盡地談論語言的使用、詮釋學、知識的理論、認識論，或各個政治體系的組織，而且不必然會牽涉到我們個體。可是論及幸福就完全不一樣了，在後面的篇章我們會看到，這個問題觸及我們的情緒、情感、欲望、信仰，以及我們為自己的人生所賦予的意義。以這個主題授課或演講，一定會有聽眾詢問：「您呢？有什麼意義？哪種生活道德規範？那您幸福嗎？為什麼？」令人尷尬的問題真是要多少有多少。

至於我呢，我承認自己對幸福的議題很感興趣，毫不覺得丟臉，就算要從我個人的體驗中舉出心理-靈修的例子，也不會有所保留。可是我已在另本著作《小論內在生命》（*Petit traité de vie intérieure*）中，引用過自己的體驗，所以在此會避免把重心過度放在個人層面上，以便更貼近理性的思考。然而要架構出論證，不僅要仰賴閱讀，當然也必須佐以個人的生命歷程，而且反映出的不光是我所接受的知識上的影響，也有超過三十五年來，個人對這項議題的付出所獲得的結論。

1

喜愛眼前的生活

Aimer la vie qu'on mène

人再怎麼卑微貧苦，
幸福仍然為他獻身，日復一日：
要獲得幸福，必不可缺的是自身[23]。

讓・紀沃諾[24]

23 | 紀沃諾，《追蹤幸福》（*La Chasse au bonheur*），Gallimard，1991。
24 | 譯註：讓・紀沃諾（Jean Giono，1895-1970），法國作家。

相信要大家回答「什麼會讓你感到幸福？」，要比「什麼是幸福？」來得容易得多。當我面對自己喜愛的人，聽著巴哈或莫札特，工作有了進展，坐在溫暖的壁爐旁撫摸我的貓，還有，當我幫助某人走出悲傷或不幸、在面海的小漁港和朋友大啖海鮮，在靜默中冥想，做愛，晨起啜飲第一杯茶，看著孩子的笑臉，或是在山上健行，在林中漫步……這種種體驗和其他許多情況相較之下，我都能說自己是幸福的。

然而幸福只存在於這樣的時刻中嗎？為什麼這些體驗能帶給我幸福，卻不見得能讓大家都感到幸福？在我認識的人裡面，就有人對大自然和動物充滿恐懼，討厭巴哈，討厭帶殼海鮮和茶，也不耐長時間靜默不語。那麼幸福只能是主觀的，只能經由滿足自己天生的愛好才能得到嗎？可是為什麼身處這樣或那樣的體驗，某些時刻會令我感到幸福，而當我有心事、生病或憂慮的時候就不會呢？幸福處於我們與他人、與外物的關係之中，還是它就在我們身上，呈現出內心平靜的狀態，什麼都不能打擾它？

就算沒有對幸不幸福、夠不夠幸福、什麼能帶來幸福提出疑問，大家也絕對可以過得好好的，甚至還挺幸福的。舉例來說，若是活在組織結構森嚴，幾乎不問個人安樂的世界裡，人們在所屬團體中堅守自己的崗位，扮演自己的角色，泰然自若地接受自己那一份痛苦時，就能從日常生活的千百種體驗中汲取幸福。數以億計的個體曾經經歷過這種生活方式，並持續生活在這種傳統的世界裡。只要稍作旅行就能了解這一點。不過在我們的現代社會就完全不一樣了：我們的幸福不再直接連繫於日常生活與社會生活的「即時付出」；我們藉著掌握自由來追求幸福，於是我們得靠一己之力，以及眾多的欲望能否獲得滿足而定——這是我們渴望自主的代價。

當然，在現代社會，大家要是沒有太多的問題，差不多也能感到幸福。我們會盡可能尋求樂趣，避免接觸讓人難受與痛苦的事。然而經驗告訴我們，有些事一開始十分愉快，但隨後會產生負面效果，像是多喝了一杯、屈服於不適當的性衝動、吸食禁藥等等。不過偶爾有些難受的經驗能讓我們長大，長遠來看反而對我們有益，例如在修習學業或藝術活動的過程中付出長時間的努力、接受手術或服用難以入口的藥物、和某個只會令我們痛苦的人斷絕來往，等等。由此看來，追求愉悅和排除嫌惡，在企圖擁有幸福生活的道路上，並不總是可靠的指南針。

此外生活也讓我們知道，我們本身就存在各種制約，會阻擋我們實現內心深處的想望，像是恐懼、懷疑、驕傲、欲望、衝動、無知……不止如此，還有一些可能會讓我們感到不幸的元素，也同樣不受我們控制，如：環境中出現令人討厭的情感或人際關係、失去親友、健康出了狀況、職場上的挫敗……不論幸福二字包含的內容為何，我們對它充滿憧憬，卻偏偏發現它難以捉摸、複雜、不穩定，似乎幸福與否完全得碰運氣。

因此科學界從不使用「幸福」這個詞。不管是心理學家、腦部專家或社會學家，他們幾乎都偏好的說法是「主觀的身心愉悅」，並嘗試用「滿足」指數，對接受調查或研究對象的生活加以評量。所謂「主觀的身心愉悅」，這種狀態有時只屬於某個瞬間，也就是接受科學研究的對象在受訪當時的狀態，因為他的頭上放置了電極片，用來觀察他在注意某件事或進行某項活動時，腦部發生了什麼變化。然而科學家不得不承認，就算生物化學研究與腦成像，足以讓我們理解什麼是愉快（單純的刺激），也永遠無法測量出幸福（複雜的過程）。為了探討最近似於後者這種過程複雜的「主觀的身心愉悅」，心理學家和社會學家發展出專門的調查，要在特定的時間內把此一經驗完整地確定出來，他們想知道：個體對他的生命，「整體上」的評價怎麼樣？這個問題代表的意涵，遠超過受訪者在作答片刻所接收到的感受。調查對象在受訪當天，確實可以因為生病或是工作上的困擾感受到苦惱，但如果他整體上對自己的生活感到滿意，就仍然會給予該問題肯定的回答。反之，整體上痛苦不堪的生活也是能讓人感受到身心愉悅的片刻。

由此可見，幸福並不是短暫（愉快或不愉快）的情緒，而是必須以某種全面性為範圍，在某段時間加以考量的狀態。我們對自己的生活感到「幸福」或「滿足」，是因為從整體上看，生活為我們帶來樂趣，而且在各式各樣的渴望之間找到平衡，擁有穩定的情感和情緒，並在愛情、事業、人際關係、精神生活等最重視的領域達到一定的滿足感。反過來說，如果我們的生活只帶來極少的樂趣，如果我們在互相矛盾的意願之間左右為難，如果我們的感受（情緒、情感）很不穩定而且整體而言令人痛苦，甚至在我們的心中對感情或人際關係感受到強烈的挫敗，我們就會對自己的生活感到「不幸」或「不滿足」。也就是在這樣的**整體**上，我們會察覺出自己是幸或不幸，並且需要**一段時間**才能評定此一狀態。

我還要補充一點，**意識**到自己的好運是感到幸福必不可少的要素。我們思考過自己的人生，才能作出「對生活整體上感到滿意」的回答。動物必然感受得到愉悅，但是要擁有如此美好的感覺，才能意識到自己的運氣有多好嗎？幸福是和自我意識有著密切關聯的人類情感。要感到幸福，就必須意識到自己身心愉悅，意識到生命中的美好時刻所代表的特殊性或天賦。不過，心理學研究指出，我們會特別意識到發生在自己身上的負面事件而不是正面事件，前者會給我們留下更為深刻的印象，讓我們記得更清楚。這個現象極有可能和演化心理的原理有關：為了生存，辨識出危險並把它記在腦子裡，要比其他事都來得重要，以便找到解決方法而不是愉快事件來加以修補。基於這個需求，一旦我們處在某個美妙、愉快、歡樂的時刻，就有必要意識到這些感覺，充分加以接收，保持得越久越好。

蒙田曾經以他的生花妙筆再三強調：「我是否正處在安詳的狀態？是否有某種暢快的感覺讓我身心舒坦？我不會讓它騙走我的感官，我要將它與我的靈魂結合，不是為了投入其中，而是為了欣然接受，不是要讓自己沉淪，而是要從中找到自我；利用這份暢快看著處於煥發境界的自己，衡量並估算其中的幸福，然後加以擴大[25]。」

根據經驗顯示，意識到滿足的狀態有助於增進幸福。我們享受愉悅的同時，會強化我們充分舒展的感受：我們很高興，為擁有幸福而開心。

總之，我認為心理學或社會學對幸福所下的定義，會指向這個簡單的問題：我們是否喜歡自己的生活？這也是接受「主觀身心愉悅」的調查對象最常面對的問題形式：「整體來說，你對自己的生活感到非常滿意、還

25｜蒙田，《隨筆集》，III，13。

算滿意、不太滿意，還是一點也不滿意？」當然，這個評價也可能會隨著時間而有所改變。

所以，我們現在可以把得到的幸福，說成是「主觀的身心愉悅」，就像是（或多或少）意識到全面而持久的滿足狀態。不過，這是否就足以描述幸福的全部含義？尤其是，能否對幸福採取行動？可不可以讓它變得更強烈、更持久、更完整，而且比較不會受到生活中偶發事件的影響呢？

目前我們還沒有談到幸福的「內容」。不過亞里斯多德也說了，「關於幸福的本質，大家意見不一，智者與大眾的說法各不相同[26]」。

26 ｜ 亞里斯多德，《尼各馬科倫理學》，I，4。

我是否正處在安詳的狀態？是否有某種暢快的感覺讓我身心舒坦？我不會讓它騙走我的感官，我要將它與我的靈魂結合，不是為了投入其中，而是為了欣然接受，不是要讓自己沉淪，而是要從中找到自我；利用這份暢快看著處於煥發境界的自己，衡量並估算其中的幸福，然後加以擴大。

——蒙田

2

與亞里斯多德和伊比鳩魯漫步在充滿歡樂的花園裡

Au jardin des plaisir, avec Aristote et Épicure

幸福不能沒有快樂[27]。

亞里斯多德

27 | 同上，VII，12。

讓我們繼續跟亞里斯多德和伊比鳩魯探討我們的哲學議題，這兩位希臘思想家都以幸福作為思想的中心主題之一。亞里斯多德曾經當過二十年柏拉圖的弟子，也擔任過亞歷山大大帝好幾年的老師。公元前三三五年，四十九歲的他已離開柏拉圖的學院，在雅典建立自己的學校：呂刻昂學園。他對一切感到好奇，是位與眾不同的觀察者，他的興趣既涉及生物也涉及物理，既包括星球的運行也包括政治生涯的構成，還有邏輯與文法、教育和藝術。論及幸福，有幾本最全面的著作，其中有一本就是他寫的：《尼各馬科倫理學》，他把此書獻給他的兒子。他在這本書中說：「幸福是我們一直為自己追尋的唯一目標，從來就沒有其他的終點[28]」。他認為，幸福堪稱「善之君主」。我們可以為了舒適追求金錢，為了名聲追求權勢，但說到幸福，則是各自心底的目標。種種疑問圍繞著幸福的本質：到底什麼能讓我們全面又持久地感到幸福？

希臘哲學家主要是經由對快樂的思考來發展關於幸福的概念。幸福

28｜同上，I，5。

的人生，首先且首要是能帶來愉快的生活。快樂是種愉悅的感受，跟滿足需求、滿足欲望有關。我高興喝水因為能止渴，開心睡覺因為累了，渴望了解而樂於學習，還樂意獲得我覬覦的東西，等等。人類天生就會追求快樂，要說這一點是驅動人類各種行為的主要動力也不為過。感動，就是自我的運動，因為我們感受到（或希望感受到）愉快的情緒，受到了激勵而有所行動。

快樂在我們的生物、心理，以及情感與智力的各種生活中，都扮演著必要的角色。從達爾文開始，生物學家都強調快樂在發揮適應作用上的重要性：和快樂有關的機制會被選中而加以保存，因為這些機制在演化中扮演主要的角色。同樣地，佛洛伊德也說，「以快樂為原則的計畫才能定下生命的目標[29]」。

生活中有些快樂確實不需要什麼努力，像是品嘗冰淇淋、滿足性衝動、沉浸在好看的電視影集中。有的快樂則要求付出多些，例如精通某種技藝、學習新知、以優秀的水準從事某項運動等。如果各種快樂的強度與

29｜佛洛伊德，《文明及其不滿》，已錄，p.63。亦見「闡述心理事件發生的兩個起源」（Formulations sur les deux principes de l' advenir psychique），出自佛洛伊德《結果、想法、問題》（*Résultats, idées, problèmes*），PUF，1998。

重要性會產生變化，那麼一切都只會是短暫的。如果我們不能持續投入外力加以滋養，快樂就會隨著我們對它的享受，逐漸消耗殆盡。享用美味大餐絕對會帶來很大快樂，但會隨著胃部逐漸填滿而變少，吃飽了以後，再精緻的美食都引不起我們的興趣。一旦發生某些狀況，諸如缺錢、生病、失去自由，讓我們無法持續地追求快樂，我們會更加覺得自己不幸，彷彿「缺少了什麼」。而且，快樂和道德一點關係也沒有：暴君和惡徒就以折磨他人、取人性命、讓人受苦為樂。

由於快樂轉瞬即逝且需要不斷餵養，也因為它在道德上的不明確，因此快樂不能成為生命的唯一指導方針。只追求容易且立刻就能到手的快樂，會讓我們幻想破滅，追求感官上的娛樂和快感，永遠不會帶來充分完整的滿足，這方面的經驗我們當然老早就有過了。所以有些古代哲學家，像是斯珀西波斯（Speusippe）[30]，柏拉圖的外甥，也是他學院的繼承人，就譴責追求快樂，有些犬儒學派人士更認為，消除痛苦的唯一處方就是逃

30｜譯註：斯珀西波斯（Speusippe，公元前 407-339 年），古希臘哲學家。

離所有快樂：既然快樂會讓我們失去理智，讓我們痛苦，那就別再跟隨我們本來的癖性，別再不顧一切追求它。

亞里斯多德則嚴詞駁斥這種觀念，說這類批評只針對感官上的快樂：「肉體享樂霸占了快樂一詞固有的含義，因為我們最常把它視為前進的目標，也是大家共同的想望；由於它是我們唯一熟悉的東西，我們就以為那是唯一存在的東西[31]。」然而，除了肉體之外，確實還有其他令人感到愉快的事，例如愛情與友誼、知識、沉思、展現正義與同情心，等等。重新看看赫拉克利特（Héraclite）[32]的這句諺語：「驢子鍾愛草料，不要黃金」，亞里斯多德再三表示快樂因各人天性而異，進而思考何為人類天性的特殊性。

人是唯一具有noos的生命體，這個希臘字通常譯為「智力」，但我傾向將它譯為「心靈」，因為亞里斯多德認為它所代表的不只是智慧，或是該字在現代所指的理性，而是所有人類都具有的神性要素。因此亞里斯多德認定人類極至的快樂在於體驗沉思，它是完美幸福的泉源：「既然心

31 | 亞里斯多德，《尼各馬科倫理學》，VII，14。
32 | 譯註：赫拉克利特（Héraclite），公元前六世紀末的希臘哲學家。

靈是神性的品質，那麼就人的生命而言，順從心靈的生活方式將是真正的神性。所以，不該聽從把『身為人』當成藉口的建議，只想著身為人的事物，以及拿『人會死』為藉口，把自己局限在必然消失的事物中。我們當盡力反其道而行，讓自己成為永恆，依據個人最佳的部分而活，因為神性的要素以其大小來看是那麼的微弱，但從力量與價值來看，它的優勢卻是遠遠超過其他所有一切。〔…〕既然人主要是由心靈組成，那麼人的本性就是心靈生活。這樣的生活同樣會非常幸福[33]。」

亞里斯多德十分強調**追求幸福總是建立在追求快樂之上**，但就算靈魂的快樂對幸福的貢獻最大，他仍然從現實的角度指出「智者也會需要外在的成功，就因為他是人：人類的天性不會因為修習沉思就對自我感到完全滿足。還需要健康的身體，要獲得食物與其他所有的照料[34]」。所以幸福人生的祕密並不在於盲目追求生命中的所有快樂，但也不是完全不追求，而是以最大限度的理性追求最大限度的快樂。這是因為理性能夠支配快樂，

33｜同上，X，7。

34｜同上，X，9。

讓人過著具有美德的生活，它是幸福的根源，美德在這兒的定義，如同兩個極端之間的「正確位置」，而且（就像與它相反的「惡」一樣），自然的欲望會把它辨識出來。美德的獲得要透過理性，經由修習就會日益牢固（我們執行有勇氣的行動才能變成真正勇敢的人）。亞里斯多德因此表明「幸福是符合美德的心靈活動[35]」。而形成人類的崇高和幸福的，是他能因理性而變得充滿美德，能秉持意志培養出各種美德：勇氣、節制、慷慨、寬大、溫和、幽默、公正，等等。

幾十年後，另一位雅典哲學家伊比鳩魯，提出以快樂為基礎的幸福倫理學。他和前輩相反的是，他不相信人類存有什麼神性的要素。公元前三〇六年，三十五歲的伊比鳩魯也創建了自己的學院：「花園」。他大部分的著作業已佚失，但非常幸運的是，我們仍保有他寫給邁諾息斯（Ménécée）的長信，信中他對幸福闡述了自己主要的哲學觀點。

伊比鳩魯強調必須排除所有不必要的憂慮，這要從兩件最重要的事

35 | 同上，I，10。

做起：面對諸神的憂慮，以及面對死亡的憂慮。他不否認諸神的存在（毫無疑問是出於政治上的謹慎，因為他唯物主義的世界觀讓神的存在很難說得過去），但是他和諸神保持距離，他的說法是經驗告訴我們，神對人類的生命沒有任何影響力。所以對神禱告，因畏懼而向神獻上各式各樣的祭品，作出犧牲，一點用處也沒有。此外還要擺脫靈魂不滅的想法，因為它會帶來死後可能受到懲罰的恐懼。

伊比鳩魯援用德謨克利特（Démocrite）[36]的唯物觀，也就是現實萬物都是由不可分割的微粒所組成，這樣的分析鞏固了他自己對倫理的看法。伊比鳩魯認為，人的軀體和靈魂都是微粒的組合，在死亡的時刻解體。伊比鳩魯表示對死亡的恐懼純粹來自想像，因為只要我們還活著，就不會擁有任何死亡的經驗，等到我們死了，也就不再有自我意識能去感受那形成軀體與靈魂的微粒正在瓦解。

一旦拋棄了這兩大超驗的憂慮，伊比鳩魯剖析快樂如何通往幸福的過程。這位哲學家觀察到我們的不幸主要來自持續的不滿足感，他區別出三

36｜譯註：德謨克利特（Démocrite，公元前460-370），古希臘哲學家。

種欲望：自然而必要的欲望（飲食、衣著、遮風擋雨的地方……）；自然但非必要的欲望（精美的食物、華麗的衣著、舒適的住所……）；既不自然也不必要的欲望（權力、榮耀、奢華……）。接著他說要擁有幸福只需要滿足第一類欲望；第二類可以追求，但最好是放棄；至於第三類則要避免。伊比鳩魯充滿熱情地說：「感謝那令人幸福的大自然，讓必要的事物輕易就能獲得，而難以獲得的都是不必要的[37]！」而這，也正是今天的農民哲學家哈畢（Pierre Rabhi）[38]所說的「樸素的幸福」。

我們常常對伊比鳩魯學派的智慧有錯誤的印象。許多人認為「伊比鳩魯一派」就是把生命建立在追求最多也最強烈的感官享樂。這樣的理解由來已久，因為早在伊比鳩魯的年代，就有對手嫉妒他的成功，放出謠言說他的「花園」是享樂與淫亂之地，試圖詆毀他的名聲。結果當時令人觀感不佳的部分，到了現在反而成為吸引人的魅力來源，但誤解卻一直存在。

事實上，伊比鳩魯把他的「花園」（美麗而詳和的地方）設計成友好的會面場所，在那兒大家可以進行消遣活動，以輕鬆愉快的氣氛談論哲

37 | 伊比鳩魯，殘篇 469，出自 H.Usener《伊比鳩魯》，Teubner，Leipzig，1887，p.300。
38 | 譯註：哈畢（Pierre Rabhi，1938-），法國農夫、作家。

學，也可以欣賞音樂或品嘗簡單食物，始終保持應有的分寸。在伊比鳩魯看來，要想幸福，就得也放棄某些樂趣，以及對自我許可的事有所限制：「要過幸福的生活，快樂既是原則也是目的。」他寫道：「為了這個原因，我們不能選擇所有的快樂。當隨之而來的是更多的不愉快時，我們就得把不少樂趣擱置一旁[39]。」

這位哲學家鼓吹的生活準則是**節制**：簡單的飲食好過大量的菜餚；必須遠離荒淫而不要追求享受，才能從各方面增進身體的健康與靈魂的平靜。在伊比鳩魯學派的思想中，極至的美德是謹慎（希臘文為phronêsis），它能正確辨識出快樂與痛苦。「因為所有快樂的本質都與我們相應，所以是好的，但不是所有的快樂都能選而得之。同樣地，所有的痛苦都有害，但不是所有的痛苦在本質上都得拋而棄之[40]。」伊比鳩魯的幸福，在他所謂的「寧靜」（ataraxie）之中實現，代表「心靈的絕對平靜」。要處於這種狀態，就必須消除所有出於迷信與想像的憂慮，要具有讓自己滿足於基本需求的能力，並培養優質的樂趣，好比友誼無疑就是最重要的。

39 ｜ 伊比鳩魯，《致邁諾息斯的信》，129。
40 ｜ 同上，130。

雖然亞里斯多德和伊比鳩魯在超驗思想上存有分歧，但他們都宣揚**優質**與**平衡**恰到好處的快樂。所有過度的行為都要避免，不論是禁欲還是縱欲。按尤維納（Juvénal）[41]的格言來說，就是良好的飲食，保養我們的身體和精神：「健康的精神在於健康的身體[42]。」每天進行體能鍛練能使身體保持健康，帶來快樂，達到身心平衡的狀態。可口但有節制的飲食，重質不重量。專注氣息的調理：古代智者的學院都會建議學生進行身體-心靈的鍛練，現在我們無法得知它的細節，但應該類似亞洲的鍛練形式，像是瑜珈、太極拳或某種武術，如今成為珍貴的輔助力量，讓我們在軀體中過得更順利、更能專注在感官認知上，在呼吸、移動、肌肉的收縮與放鬆中找到快樂。哲學家叔本華[43]表示「至少十分之九的幸福，只存在於健康之中。〔…〕健康的乞丐比生病的國王更幸福[44]」；他建議每天在戶外至少鍛練兩小時身體，並認為只要我們覺得身體狀況不錯心情就會好，說得很有道理。稍後我還會提到叔本華。

我自己也發現接觸大自然，能在感官上充分體驗新生的力量。當我們

41｜譯註：尤維納（Juvénal），公元一世紀末、二世紀初的羅馬詩人，著有拉丁文的諷刺詩集。

42｜尤維納，《諷刺集》，IV，10，356。

43｜譯註：叔本華（Schopenhauer，1788-1860），德國哲學家，開創唯意志主義。

44｜叔本華，《獲得幸福的 50 條生活守則》（*L'Art d'être heureux à travers cinquante règles de vie*），Seuil，coll.《Points Essais》，2001，第 32 條生活守則，p:81-82。

在林中漫步、潛入大海或溪流、在山上健行時，這方面的經歷會讓我們專注在它所帶來的感受與快樂，進而使我們有了改變，感到平靜，重新獲得力量。正是因為這種身體的愉悅、這種感官的新生傳給了心靈，我們的煩惱消失了，我們的想法更為清楚、周密，倘若我們的靈魂曾經混亂不安，也能再度找回平靜。雨果《沉思集》的這幾句詩就完全表達了這一點：

林中樹，你了解我的靈魂！
眾人有褒有貶，端視羨慕或嫉妒；
你，你了解我！時常看顧我，
林中深處獨自沉思、獨自凝望。
你知道的，跑著甲蟲的岩石，
謙卑的水珠滴落這朵那朵花，
竟日心繫一隻鳥、一片雲，
這般沉思令愛意充滿我心〔⋯〕

我們大都體驗過，在歷經忙碌的一天或一週的工作之後，躺在花園或公園的草地上，剛到的時候全身緊張、心事重重，藉著身體與土地的接觸而逐漸放鬆，獲得新生，我們的心靈隨即領受了軀體舒適帶來的果實，接著就輪到它清空自己，變得平靜而清澄。考慮到身體與心靈的深層互動，反向進行也有相同的作用：當我們懷著泰然、愉快的心情，身體能從中獲得好處。稍後我們會看到，運用精神的力量有可能改變不愉快的情緒，諸如害怕、悲傷與怒氣[45]。

就這樣，亞里斯多德的 hêdonê（探索快樂）以及伊比鳩魯的 eudaimonia（探索幸福），互有趨近之處。許多當代的科學研究已經證實，快樂與幸福之間具有密切的關聯：散步、做愛、與朋友共享美食、祈禱或冥想、笑、從事藝術或運動，所有能讓我們快樂的體驗，都具有讓荷爾蒙分泌與大腦神經傳導物質重新得到平衡的效果，有利於穩定我們的心情與「主觀的身心愉悅[46]」。

45 | 我在第 11 章會繼續討論這個部分。
46 | 此一議題是第 10 章的討論內容。

幸福是我們一直為自己追尋的唯一目標，從來就沒有其他的終點。

幸福是符合美德的心靈活動。

——亞里斯多德

至少十分之九的幸福，只存在於健康之中。〔…〕健康的乞丐比生病的國王更幸福。

——叔本華

3

為生命賦予意義

Donner du sens à sa vie

不知自己航向哪個港口
就絕對迎不上順風[47]。

塞內卡[48]
（航海的隱喻由蒙田補充完成。）

47｜塞內卡，《致路西留斯的信》，VIII，71。
48｜譯註：塞內卡（Sénèque），生於約公元前4年至元年間，歿於公元65年，政治人物、劇作家、斯多噶學派哲學家。

要幸福，就要學習選擇。不僅要選擇適合的樂趣，還要選擇人生的道路、職業、生活與愛的方式。選擇自己的休閒活動、朋友，以及奠定人生基礎的道德標準。活得好，就要學著不回應所有的煽動，要能排出優先順序。鍛練理性，就能根據我們遵循的道德標準或目標，讓生活表現出一致性。我們選擇滿足這樣的快樂或放棄那樣的快樂，全是因為我們為自己的生命賦予了某種**意義**，而這個詞具有兩種解釋，同時代表了我們賦予生命的方向和含義。

我在這兒說的意義，不是指超驗的、最終的意義。我不認為我們能以全稱的方式討論符合所有人的「生命意義」。通常追求意義會透過付諸行動和建立情感關係，作出具體表現。就拿創建事業為例，需要我們找出適合自己的活動，要能在參與的過程中充分發揮自我，為自己設定預期達到的各個目標和最終目的。我們的情感關係也是如此，如果我們決定組成家庭和生養小孩，就依照這個決定組織我們的生活，家庭生活則讓我們的生命有了意義。此外也有人幫助他人，為減少不公不義而奮鬥，為處於劣勢或受苦的人奉獻心力，藉此賦予生命意義。「意義」的內容因人而異，但無論如何我們都會證明，為了建立自己的生活，有必要作出指引，定出目標、方向，並賦予它意義。

在許多關於幸福的現代研究中，經由下面這個類型的問題，能明確顯露出意義的層面：「你是否從自己的生活中找到正面的意義？」說到幸福，快樂和意義同樣顯得不可或缺。於是社會學家把快樂和意義這兩個要素，列入形成「主觀的身心愉悅」的主要原因中。他們也觀察到，覺得自己幸福的人，他的快樂比率與生命意義會趨近相同的結果，也就是說，如果有人覺得自己很快樂，那麼他也會認為自己找到了生命的正面意義[49]。

古代哲學家把兩者的關聯了解得很清楚，現代科學研究也加以證實，可是二十世紀的心理學家卻傾向於把它們分離。眾所皆知，佛洛伊德指出人類主要是受到追求快樂的力量所驅動，對於意義則是不感興趣。弗蘭克（Viktor Frankl）[50]，死亡集中營的倖存者，他的思想建立在這可怕的經驗

49 | K.C.Berridge, M.L.Kringebalch《Building a Neuroscience of Pleasure and Well-Bing》, in *Psychology of Well-Being: Theory, Research and Practice,* 2011. http://www.psywb.com/content/1/1/3。

50 | 譯註：弗蘭克（Viktor Frankl，1905-1997），奧地利神經學家、精神病學家，創立意義治療法（logotherapy）。

上，以截然不同的論點對佛洛伊德的看法作出回應，他認為人類從根本上受到尋求意義的力量所驅動。然而兩造的理論都是真的，一點也不矛盾：人類的天性促使他們不僅追求快樂，也尋找意義。唯有當他們感到生活愉快而且具有意義的時候，才會真正感到幸福。

此外，達到目的與否，不是最必要的事。我們不會等到自己已經達成所有目標才開始覺得幸福。過程比目的更重要，幸福在緩慢前進的途中到來。持續的旅程只會讓我們感到更加幸福，因為我們樂於向前邁進，因為我們指定了前進的方向（冒著中途變卦的危險），也因為那個方向回應了我們生命中最深的渴望。

要幸福，就要學習選擇。不僅要選擇適合的樂趣，還要選擇人生的道路，職業、生活與愛的方式。選擇自己的休閒活動、朋友，以及奠定人生基礎的道德標準。

——本書作者　勒諾瓦

4

伏爾泰與幸福的傻瓜

Voltaire et l’imbécile heureux

我想過不下百次了，
要是我像隔壁女人一樣笨，
一定很幸福，
可是我又不想擁有那樣的福氣[51]。

伏爾泰[52]

51 | 伏爾泰，《好人布哈曼的故事》（Histoire d'un bon Bramin），出自《札第格與其他的故事》（*Zadig et autres contes*），Gallimard，coll.《Folio》，1992。

52 | 譯註：伏爾泰（Voltaire，1694-1778），法國啟蒙時代的知名思想家、哲學家、文學家。代表作有《哲學辭典》、《贛第德》等。

我們必須頭腦清楚、博學多聞才能感到幸福嗎？還是正相反，當人擁有較高的學識與期望時，他的想法必定會要求比較高、會比期望有限的人更能意識到自己的缺點，那麼，明智與學識會不會形成幸福的障礙呢？

伏爾泰以一篇短篇小說[53]提出以上這些問題。故事中有位印度智者，頭腦非常清明，學識極其淵博，他不斷向自己提出形而上的問題但又找不到解答，因此痛苦不堪。他隔壁住了位迷信又無知的女人，「她一生中，從來沒有片刻思考過任何折磨我們這位婆羅門貴族的問題」，而她看起來卻是最快樂的女人。有人問他：「您這麼痛苦，但門外那個什麼都不想、唯命是從的老太婆卻過得很快樂，您不會覺得丟臉嗎？」智者回道：「您說的有理，我想過不下百次了，要是我像隔壁女人一樣笨，一定很幸福，可是我又不想擁有那樣的福氣。」

事實上，「幸福的傻瓜」有個問題，如果他能保持無知，或是沒讓生活打倒，他就能一直沉浸在至福中。然而，只要我們開始對生活有了哪怕最輕微的思考，或是生活不再回應即時的期望與需求時，我們就會失去幸

53｜同上。

福，那種只憑感覺、缺乏反省距離而建立起來的幸福。而且，否定思想、知識與反省，是放逐人性中某個重要的部分，一旦我們意識到幸福建築在謬誤、幻想之上，完全缺乏明智的時候，就再也沒辦法感到滿足了。

康特-斯龐維的看法很正確，「智慧指出方向，朝著這個方向讓我們處在最明智的狀態，其中就含有最多的幸福」。他還表示，如果幸福是哲學的**目的**，它可不是哲學的**準則**[54]。哲學的準則是真相。運用理智的人，就算是追求幸福，也會永遠偏好真實的想法，即使讓他痛苦也在所不惜，絕不會選擇錯誤但讓人感到愉快的想法。「雖然我們推崇幸福，但更推崇理智」，伏爾泰還在故事中作出這個結論。

這就遇到了我們尚未提出的要點之一：我們對虛幻的幸福不感興趣。理智讓我們將幸福建立在**真相**上，而不是幻想或謊言之上。處在虛幻、與事實不盡相符的情況，的確也能帶來很好的感覺，但這樣的舒適並不牢靠。例如環法自行車賽，我們為山區競賽冠軍的佳績雀躍不已，但一旦得知優勝者使用禁藥，之前的快樂瞬間轉變為苦澀甚或厭惡！還有個例子，

54｜康特－斯龐維《幸福，不顧一切》，已錄，p.15。

已婚男子對女子謊稱自己單身，她愛上了他，等到真相爆發時，她的幸福也隨之崩潰。再說了，就算精神失常的人覺得自己是最幸福的人，但有人願意和他易地而處嗎？運用理智，訓練判斷力，並了解自我，我們就能學到如何把生活建立在真相之上。

到目前為止，如果就這幾章所提到的重點匯整出一個定義，我會說，**處在以真相為基礎、富有意義的生活中，並意識到全面而持久的滿意狀態，這就是幸福**。可以肯定的是，「滿意」的內容因人而異，取決於他們的敏感度、他們的期望、他們正面臨的人生階段。智慧的目的是試著讓幸福盡可能的深刻與持久，跨越生活中的風險，那些偶發的外在事件、日常出現的愉快或不愉快的情緒，並且不去掩飾幸福具有脆弱而無法預料的本質。

可是，所有人都渴望擁有智慧與幸福嗎？

智慧指出方向，朝著這個方向讓我們處在最明智的狀態，其中就含有最多的幸福。

——康特・斯龐維

雖然我們推崇幸福，但更推崇理智。

——伏爾泰

處在以真相為基礎、富有意義的生活中，並意識到全面而持久的滿意狀態，這就是幸福。

——本書作者　勒諾瓦

5

人人都希望得到幸福嗎？

Tout être humain souhaite-t-il être heureux?

如果我們不想獲得幸福就不可能幸福；
所以必須有這個意願並身體力行[55]。

阿蘭[56]

55 | 阿蘭，《論幸福》（*Propos sur le bonheur*），XCII。

56 | 譯註：阿蘭（Alain，1868-1951），原名Émile-Auguste Chartier，法國哲學家。

57 | 譯註：聖奧古斯丁（Saint Augustin，354-430），原名Augustin d'Hippone，羅馬帝國時期的哲學家、基督教神學家。

58 | 聖奧古斯丁，《幸福的人生》（*La Vie heureuse*）。

59 | 譯註：帕斯卡（Blaise Pascal，1623-1662），法國數學家、物理學家、哲學家、神學家，也是發明家。

我們再三表明，嚮往幸福，舉世皆然。聖奧古斯丁（Saint Augustin）[57]寫道：「渴望幸福出自人的本性；它是我們一切行為的動力。這世上長久以來最為人重視、最理所當然、最清楚易懂、最明確無疑的事，就是我們不僅想要幸福，而且要的只有它。那是天性要我們這麼做的[58]。」帕斯卡（Blaise Pascal）[59]說得更直接：「它是驅使所有人做出一切行動的動機，就連要去上吊的人也不例外[60]。」世上許多文化也指出了這個渴望。

法國佛教僧侶李卡德（Matthieu Ricard）[61]，在他優美的《為幸福辯護》（*Plaidoyer pour le bonheur*）一書中提醒我們：「最原始的渴望，就是希望獲得強烈的滿足感，幸福是其他所有渴望的根本，目的在滋養我們對生活的喜愛。它也是願望：『希望我和他人生命中的每一刻，都是懷著喜悅與內心詳和的一刻[62]。』」這一點對柏拉圖來說再理所當然不過，所以他才會說：「難道有人不想得到幸福[63]？」

然而我覺得有必要在此表明兩個要點。首先，上述對幸福的本能渴望，不代表每個人會因此而追求幸福。我們可以很自然又幾乎無意識地嚮

60｜帕斯卡，《思想錄》，段落 148。

61｜譯註：李卡德（Matthieu Ricard，1946-），法國作家、藏傳佛教僧侶。他的父親是哲學家何維爾（Jean-François Revel）。

62｜李卡德，《為幸福辯護》，Nil，1997；Pocket，2004，p.28。

63｜柏拉圖，《歐緒德謨》，278e。

往幸福，但不見得就會**有意識又積極地追求**幸福。很多人都不會明確地問問自己有關自身幸福的問題，但是會以追求快樂或實現夢想的方式來追求幸福。他們不會去想：「我要這麼做或那麼做，好讓自己幸福」，但是會渴望找到具體的滿足。這些滿足的質與量，多少會讓他們感到幸福。

此外，我們也可能對幸福懷有憧憬但不會**想要**得到它，這就產生了兩種表現方式：其一是不會採取必要的方法來獲得它（嚮往幸福，但是要達到目的卻什麼也不做，或沒做什麼）；其二，甚至是有意識地斷然放棄幸福。因為並不是所有人都會給予幸福最高的評價。評價不屬於自然的需求，而是由理性構築而成；任誰都能以犧牲部分幸福為代價，賦予另一項事物更高的評價，例如關乎正義或自由的時刻。任誰也都能決定不要幸福，寧願過著苦樂參半的生活。我們來看看這幾種不同的表現。

我們從亞里斯多德和伊比鳩魯那兒知道，要獲得深刻的幸福，就要放棄某些即時的快樂，並對我們的選擇與目標思考一番。也就是說，為了追求更完全的幸福，我們就得運用智慧與意志力。於是我們會定下讓自己更幸福的目標，並選擇必要的方式來達成。

有人熱愛音樂，夢想以它為職業，每天花好幾個小時學習樂器；他展現必要的努力以求在演奏上有優異表現，還捨棄一些消遣和樂趣為代價。他進步越多，就更樂於演奏，最終得以一償夙願成為音樂家。他會因為實現最深的渴望而感到幸福，但也會在工作中為自己的各種選擇、投入與堅持，付出代價。

另一個人也有同樣的夢想，但沒有為自己的生活定下同樣的目標，只是以業餘愛好者的身分彈奏樂器；幾年來他不斷向周遭的人表示，他自認擁有「音樂家的靈魂」，真想以此維生，但他缺乏毅力和努力，永遠也無法達成目標，心中只有沮喪。就算他每次彈奏時都能獲得樂趣，也不會真正感到幸福。正如同哲學家阿蘭所說：「如果我們不想獲得幸福就不可能幸福；所以必須有這個意願並身體力行[64]。」

有些人因為走上了錯誤的方向，可能和幸福擦身而過。有的人則不知

64｜阿蘭，《論幸福》，XCII。

道幸福在於控制與篩選一些樂趣，心中只有即時的快樂，不斷追求，永不滿足。還有人不了解必須自我鍛練才能向前邁進。少年之所以煩惱，是他苦於沒有「戀人」，也不積極擺脫生理上的壓抑。

還有人只經由明顯刺激的樂趣來追求幸福。他們將心力集中在符合自己愛好的快樂上，但這一類的享樂轉瞬即逝，所以他們力圖擁有越強的體驗越好，藉由運動、音樂、禁藥、酒精或性，來獲得極端的感受。他們必須不斷跨越感受的界線，有時甚至達到毀滅自我或讓生命面臨危險的地步。最常見的方式是逃離把我們帶向自我的「空檔」，以便在持續的高度亢奮中忘掉自我，用人為的方式填滿內在生活的空虛。

因此就出現千百種嚮往幸福的方式，但不是真心渴望，也沒有採取必要手段來達到幸福。

我們也可以有意識地不再追求幸福**本身**，因為它在我們眼中是那麼隨機、反覆無常，竭力追求它似乎只會白忙一場。於是我們想，還不如盡力得到我們實際喜歡的東西。因此我們會在行動上，遵循特定的、伊比鳩魯式的行為準則，以節制為本；又或者正相反，選擇「強烈的」生活方式，像是喝酒抽菸、以健康為代價、投身於毀滅性的激情、隨著時刻不同的心情過日子，冒著不斷經歷高潮與低潮的風險，看著短暫的幸福與傷感的情緒交替出現。

渴望幸福出自人的本性；它是我們一切行為的動力。這世上長久以來最為人重視、最理所當然、最清楚易懂、最明確無疑的事，就是我們不僅想要幸福，而且要的只有它。那是天性要我們這麼做的。

——聖奧古斯丁

最原始的渴望，就是希望獲得強烈的滿足感，幸福是其他所有渴望的根本，目的在滋養我們對生活的喜愛。它也是願望：『希望我和他人生命中的每一刻，都是懷著喜悅與內心詳和的一刻。

——李卡德

難道有人不想要幸福？

——柏拉圖

6

幸福不屬於這個世界：蘇格拉底、耶穌、康德

Le bonheur n'est pas de ce monde: Socrate, Jésus, Kant

衰哭的人有福了，
因為你們將要喜笑[65]。

耶穌

65 ｜ 《路加福音》6：21。

我們還能以完全不同的方式，自願放棄追求幸福，因為我們把某項**道德標準**如自由、愛情、正義，或是道德本身，也就是正確的行為準則，置於幸福之上。這正是啟蒙時代重要的德國哲學家康德的看法，他認為幸福不應該靠追求得來，而要經由道德產生：「做值得讓你幸福的事。」最重要的是奉行正直的操守，保持理性，履行自己的義務。不論遇到怎樣的困難，性情平靜的人總能覺得自己算得上幸福，因為他知道如何正確行動。

事實上，當代的調查指出，有意識地過著標榜正直、有道德和宗教的生活，就是幸福的重要指標。據說康德就覺得自己是個幸福的人，他過著有節制、品性端正、井然有序的生活，這讓那些喜愛軼事與辛辣細節的傳記作家絕望得不得了。他終身未婚，幾乎從來沒有離開過故鄉柯尼斯堡（Königsberg），長期擔任家庭教師，後來才去大學教書。而且矛盾的是，他竟然表示人的職責就是盡可能得到幸福，因為能讓他避免向「違背職責的誘惑[66]」屈服。他把古希臘時期的或然判斷倒轉過來，根據希臘哲學家的說法，倫理是獲得幸福的工具，康德則認為幸福是展現道德的工具！其

66｜康德，《道德的形上學基礎》，I。

實在他看來，這世上沒有完滿全面的幸福：不過是「出自想像的理想[67]」。他的結論是，只有死後才能合理期待獲得真正的幸福（永恆的至福），那是上帝的獎賞，賜予那些知道如何活出絕對道德的人。關於這一點他加入了許多宗教教義，根據這些教義，深沉、穩定持久的幸福只能存在於死後，而且是由人世間宗教與道德生活的品質來決定。

這種信仰在古希臘時期很常見：在極樂世界，英雄與品德高尚的人一定會有幸福的生活。在埃及與稍晚的猶太教中也孕育出這種信仰，隨後又在基督教和伊斯蘭教歷經了大幅度的發展。相較於得自智慧的理想，人們偏好以聖潔為模範。智者的渴望首先是世間的幸福，聖人則完全不同，他們嚮往跟隨在造物者身旁的死後至福。

耶穌生命的最後一幕，為上述的嚮往提供了很好的例子：因為他跟大家一樣渴望幸福，不想受苦，也不想被大祭司的侍衛逮捕，押送到彼拉多（Ponce Pilate）[68]的面前判處死刑，於是這異常焦慮的場景出現在橄欖山

67｜同上，II。

68｜譯註：彼拉多（Ponce Pilate），約生於公元前一世紀末，羅馬帝國總督，判處耶穌釘上十字架。

上，距離他遭到逮捕的幾個小時之前。福音傳道人馬太描述：「耶穌身旁跟著彼得和西庇太的兩個兒子，他開始感到悲傷與焦慮，對他們說：『我的靈魂遭受極大的憂愁；留在這兒，讓我們保持清醒。』他向前走了幾步，俯身倒在地上開始祈禱：『我父，如果可行，請讓我遠離這項考驗，但並非出於我的意願，而是你的意願[69]。』」耶穌雖然焦慮，但還是同意把自己的生命大方地獻出去，因為他要忠於召喚（召喚來自他口中的「父親」），那是一直引領他的真相。他沒有接受幾位弟子的建議，逃走脫身。他犧牲了自己人世的幸福，因為他忠於真相，忠於愛的訊息，而這些卻和宗教律法相牴觸，因為宗教律法視嚴厲的法律高於一切。

蘇格拉底之死和耶穌之死很類似，因為他也拒絕逃亡，喝下了致命的毒堇汁，接受法官判處死刑。那是非常不公正的判決，但蘇格拉底不願意違反城邦的法律，因為他認為所有市民都必須服從法令。考慮到自己的道德標準，於是他放棄了幸福和生命。從某些方面來看，蘇格拉底近似於聖人而不是智者，更何況他對「幸福」存有疑慮。根據柏拉圖的說法，蘇格

69｜《馬太福音》，26:37-39。

拉底樂於談論如何追求「良好」的人生，而不是尋找「幸福」的人生，前者憑藉理性，奠基於諸如善良、美好與公正的道德標準之上，但後者可能會在過程中損害了正義，那些殘暴的君主、自私者、懦弱的人，不也是在尋求幸福？

耶穌和蘇格拉底為了真相或更高的道德標準，犧牲了自己的生命，因為他們相信也渴望死後的至福。耶穌深信自己死後將會重生於另一個世界，在上帝的身旁感受永恆的幸福。《啟示錄》是基督教《聖經》的最後一卷，描寫「天上的耶路撒冷」，含有對永生的隱喻：「這就是上帝與眾人的住所。〔……〕祂會擦去他們眼中的淚水，再沒有死亡；再沒有哭泣、吶喊與悲傷；因為舊的世界已離去[70]。」蘇格拉底也同樣相信，正直的人死後會有他所渴望的至福之地[71]。總之，他們追求的是**延遲的**幸福。

不過還有其他不同的狀況。我們知道有些人一點也不相信死後仍有生命，但他們準備好為了幸福的最高理想，犧牲自己的性命。多少人為了對抗壓迫，對抗不公正，而捨棄了一切？一九八九年六月的天安門廣場，

70｜《啟示錄》，21:3-4。
71｜柏拉圖，《斐多》，63 b-c。

年輕的中國學生冒著喪命的危險，擋在坦克車的前方，視對抗專政為無上的價值，他們只期望自己的行動有助於促進自由。同樣的狀況也曾經發生在南非的曼德拉身上，發生在所有那些甘冒生命危險、奉獻出一切的人身上，並且會一直持續下去，他們為之奮鬥的理由，其價值遠超過個人的幸福。

由此我們面對兩個問題：要回應個人最深沉的渴望，這些英勇的行為能達到怎樣的程度，難道不會為他們帶來某種幸福？蘇格拉底和耶穌在失去生命而痛苦之時，是否也會因為將生命獻給某個崇高的理由而感到幸福，他們這麼做難道不是出於本來的天性？

做值得讓你幸福的事。

——康德

根據柏拉圖的說法，蘇格拉底樂於談論如何追求「良好」的人生，而不是尋找「幸福」的人生，前者憑藉理性，奠基於諸如善良、美好與公正的道德標準之上，但後者可能會在過程中損害了正義，那些殘暴的君主、自私者、懦弱的人，不也是在尋求幸福？

——本書作者　勒諾瓦

7

做自己是藝術

De l'art d'être soi-même

極至的幸福是人格[72]。

歌德[73]

72 | 歌德，《西東詩集》。

73 | 譯註：歌德（Goethe，1749-1832），德國大文豪、自然科學家和政治人物，創作包括戲劇、詩歌和散文，代表作有《少年維特的煩惱》、《浮士德》等。

福樓拜是無情的人性觀察者，他探索促使人依照本性行事的深層動機，描寫自私當道、支撐我們追逐渴望並完成行動：「從傻子不會花一毛錢為自己買來人性，到有人跳進結冰的水中救出陌生人，全因為我們就是這種人，各憑直覺去做，也不是有意為之，是否這些都會讓我們的本性得到滿足？聖文生（Saint Vincent de Paul）[74]服從行善的渴望，正如同卡利古拉[75]之於殘暴的意願。每個人都有他自己享樂的方式，而且只為了他自己；有些人會考慮自己的行為，為自己找出緣由、重點與目的，另有些人則邀請全世界共賞他們靈魂的盛宴。於是就有了慷慨與吝嗇的不同。前者樂於付出，後者堅守不放[76]。」

要幸福，首先得滿足我們生存的需求或渴望：沉默的人尋求獨處，話多的需要有伴。就好像鳥兒飛在空中，魚兒游在水裡，人人都應該在適合自己的氛圍中發展。有人天生可以生活在城市的嘈雜中，有人偏好鄉村的寧靜，也有人兩種都需要。有人擅長動手，有人動腦，有人擁有良好的人際關係，還有人愛好藝術活動。有人需要建立家庭，嚮往持久的伴侶生

74｜譯註：聖文生（Saint Vincent de Paul，1581 或 1576-1660），17 世紀法國重要的教廷精神人物。

75｜譯註：即羅馬帝國第三任皇帝，原名：蓋烏斯・尤利烏斯・凱撒・奧古斯都・日耳曼尼庫斯，實行恐怖統治的暴君。

76｜福樓拜，《致路易絲・科萊書信集》，1846 年 8 月 13 日。

活，也有人一生中擁有各式各樣的感情關係。如果有人執意違逆本性，他就絕對不會幸福。

教育和文化十分珍貴，因為它們把節制、法律與尊重他人的必要灌輸給我們。學習了解自我很重要，不僅如此，也要學習認識自己的力量與弱點，如有必要，還得學習修正和改善這些力量與弱點，但不用過度扭曲或抵制我們的本性。要知道教育和文化有時可能會阻礙我們發揮自身的敏感度，讓我們偏離使命或合理的渴望。為了這個原因，我們偶爾必須學習回歸自我，跨越文化與教育的格局，因為它使我們遠離了自己。這一點是瑞士心理學家容格所謂的「個體化進程」，通常會在四十歲前後出現，這時我們會為生命作出第一個總結，可能會發現我們沒有完全活出自我，努力讓這些人和那些人高興，但沒有尊重自己，一心要表現出理想的、甚或裝出來的形象，好讓自己受人喜愛，得到認可，我們擁有的感情生活或職業生涯並不符合我們自己這個人。於是我們想要更了解自我的個體性，更重視自身的感受。

歌德有言：「極至的幸福是人格[77]」。因為重要的不完全是事件，還有每個人對事件的感受方式。發展自我的感受度，表現自己的個性，提升自己的天賦與愛好要比帶來快樂的外物更重要。如果我們的體質對酒過敏，或是從來沒有好好訓練味覺和嗅覺的官能，儘管喝了世上最美好的酒，也無法從中得到任何樂趣。

幸福在於依隨本性而活，同時發展自己的人格，讓我們能懷著最豐富的感受度，享受人生也享受世界。如果孩童知道如何發展他的想像力和創造力，就算只有一個簡陋的玩具，也可以感到格外幸福，另一個孩子要是只能從占有新物品當中獲得樂趣，那麼就算擁有上百個精美的玩具也會覺得無聊。

77｜歌德，《西東詩集》，蘇萊卡之書，第七段。

每個人有他自己享樂的模式，而且只為了他自己；有些人會考慮自己的行為，為自己找出緣由、重點與目的，另有些人則邀請全世界共賞他們靈魂的盛宴。於是就有了慷慨與吝嗇的不同。前者樂於付出，後者堅守不放。

——福樓拜

8

叔本華：
幸福就在感受中

Schopenhauer:
Le bonheur est dans notre sensibilité

我們的幸福取決於我們是什麼樣的人[78]。

叔本華

78 | 叔本華，《獲得幸福的 50 條生活規則》，已錄。

和福樓拜同時期的德國哲學家叔本華，不僅延續歌德的想法，甚至把它推得更遠，因為他深信我們的本性會讓我們傾向於感到幸福或不幸。他認為感受度（今天也許會說是基因）決定了我們擁有幸福或不幸的資質。而幸福的第一個必要條件，似乎是……擁有快樂的性格！他說，歡樂的個性「決定了接受痛苦與喜悅的能力[79]」。柏拉圖很早就區別出暴躁的性情（duskolos）——即使事件對他們有利也絕不會感到高興，事件要是對他們不利更是大發雷霆，以及愉快的性情（eukolos）——與前者相反，對有利的事件感到高興，即使對自己不利也不會發脾氣。現在我們會說有些人總看見杯子空著的那一半，而有些人則看見有水的那一半。

「我們的幸福取決於**我們是怎樣的人**，取決於我們的個體性，可是我們通常只注意命運以及**自己擁有什麼**」，叔本華這麼說。他還以特有的尖刻幽默加上這一句：「命運可以改善，天性節儉向它要求的也不多：蠢蛋還是蠢蛋，粗魯的人依然粗魯永世不變，就算在天堂有美女圍繞身旁[80]。」我們唯一能做的就是學習認識自己，以便過著最符合本性的生活。然而叔本

79｜同上。

80｜同上。

華認為人是不會改變的：愛發脾氣的人會繼續發火，膽小鬼仍然會害怕下去，焦慮者恆焦慮，樂天者恆樂天，同樣地，病態的人永遠不正常，堅強的人永遠堅強，等等。住在法蘭克福的這位哲學家還區別出：

- 我們是怎樣的人：人格、才幹、外貌、智力、毅力……；
- 我們擁有什麼：財產；
- 我們代表什麼：社會地位、名聲、榮譽。

對於絕大部分的人而言，後兩項似乎最重要，人們通常認為幸福主要取決於財產，以及自己在別人眼中所具有的聲望。叔本華表明這種想法是錯的：如果我們的幸福只奠基在**擁有**與**表現**上，那麼持續的不滿足、競爭、敵對、事物的變遷、命運的風險等等，很快就能毀掉它。因此，他認為幸福基本上存在於**自身**，在於我們是什麼樣的人，在於內心的滿足，幸福這果實來自我們的感受、了解與期望：「擁有幸福是為了自己，獨處時有它陪伴，旁人既不能施予也不能奪取，可見得這比他擁有的一切、或他在旁人眼中的表現，都更為必要[81]。」

他對事物的這些看法，我只贊成一部分。沒錯，經驗告訴我們，與幸福密切相連的是我們的感受、我們的個性、我們的人格。某些個體會比其他個體更傾向於感到幸福：因為他們身體健康，因為他們樂觀、天性愉悅，因為他們自然會去看事情好的一面，因為他們情感或情緒結構比較平衡等等。我也同樣贊成內在的稟性會比擁有的財物或成就，更令我們感到幸福或不幸。

這些年來使我更能體會幸福的，不能算是社會性或物質上的成就——雖然它們也作出了貢獻——而是**內在的修練**，它讓我能改善自己，了解過去的創傷，改造或超越曾經讓我不幸的信念，它甚至給予我權利，是我長久以來所逃避的權利，不論面對個人或社會都能充分實現自我。也就在這一點上，我和叔本華的意見分歧。雖然他強調幸福主要出自感受與人格這

81 | 同上，幸福的藝術（Eudémonologie）。

方面是正確的，但他嚴重低估了一項事實，那就是人們藉由自我的修練，足以影響自身的感受，進而讓它獲得更充分的發展，因此就更能實現內心最深處的渴望。

此外，這位哲學家有個奇怪的矛盾之處，他一方面假設了遺傳的近乎決定論，但同時又提出一些生活規則可以讓人更幸福！這當然是因為叔本華的一生過得頗為不幸，所以他對智慧抱持的信心，遠比他自己以為的要多。他從小體弱多病，父親在他十七歲的時候自殺又帶給他很深的陰影，在感情上，終其一生面對的盡是強烈的痛苦與沉重的挫折。首先是單戀女演員，帶給他無比的失望。他在撰寫巨著《作為意志和表象的世界》期間和女傭發生關係，而她產下一名死嬰。接著是結婚對象生了重病必須取消婚禮。再後來他愛上一位歌唱家，她懷了孕卻中途流產。從此他打消結婚的念頭。就連職業生涯也沒有帶來多少快樂。雖然他把所有希望寄託在他的書上，但該書竟完全不受重視，無人聞問的情況持續了三十多年。大學教職恐怕也讓他嘗到痛心的失望：他開的課經常遭到取消……沒有聽眾。

心灰意冷下，最後也不再教書。凡此種種使我們能理解他對生命的悲觀看法……但不見得認同。

我個人就有不同的經驗，那就是藉由心理與精神上的鍛練，確實有可能改變我們對自己與對世界的看法。也就是說，雖然我和叔本華一樣，認為幸福與不幸都取決於我們自身，就算「處在相同的環境，人人都活在另一個世界[82]」，不過和他不同的是，我深信我們能夠改變自己的內在世界。

三十多年來，社會學家發表了數以千計關於幸福的研究，尤以美國居多。這些研究說的都是我們剛才提到的內容，可以歸納為以下三點：

- 幸與不幸都有遺傳預設的傾向。
- 外在條件，諸如地理環境、居住地點、社會階層、婚姻狀態、貧窮或富裕等等，對幸福與否只具有微弱的影響力。
- 如果我們改變對自己、對生命的認知，改變我們的眼光、想法與信

82｜同上。

念，就能或多或少感到幸福。

美國加州大學河濱分校心理系的柳波莫斯基教授（Sonja Lyubomirsky）表示，我們能估算出獲得幸福的資質約有50%來自個體的感受度（由遺傳決定），10%得自生活環境與外在條件，40%則仰賴個人的努力[83]。

83｜主要出自《頭腦與心理》期刊（*Cerveau et Psycho*），2013年5月-7月號，p.14。由於無法得知她的研究調查以何種方法進行，我得說自己並不清楚為何能有如此精確的評估數據，但仍然把它依原文內容錄給讀者！

我們的幸福取決於我們是怎樣的人，取決於我們的個體性，可是我們通常只注意命運以及自己擁有什麼。

擁有幸福是為了自己，獨處時有它陪伴，旁人既不能施予也不能奪取，可見得這比他擁有的一切、或他在旁人眼中的表現，都更為必要。

——叔本華

9

金錢能帶來幸福嗎？

L'argent fait-il le bonheur?

只要有個更幸福的人會讓你痛苦，
你就永遠不會幸福[84]。

塞內卡[85]

84 | 塞內卡，《怒氣》（*De la colère*），III，30，3。

85 | 譯註：塞內卡（Lucius Annaeus Seneca，公元前 4-65），古羅馬斯多亞學派哲學家、政治家、劇作家。

處在經濟危機中，越來越多人因不穩定而痛苦，要是我們自己收入還不錯，就更猶豫該不該說金錢不見得能讓人幸福。大家都知道何納（Jules Renard）[86]饒富興味的質問：「如果金錢不能帶來快樂，那就把錢還回去！」然而目前大部分的社會學研究卻顯示，金錢不是個人幸福的決定性因素。

一九七四年，美國經濟學家伊斯特林（Richard Easterlin）發表了一篇著名的論文，其內容頗出人意料，他指出自一九四五至一九七〇年間，美國民眾的稅前所得全都大幅提高了60%，但自認為「非常幸福」的人數比率（40%），卻一點也沒有變。收入的顯著成長與生活方式的徹底改變，兩者與提高物質享受有關，但對個體的滿足感卻沒有明顯的影響。這篇論文讓經濟界的人士不太舒服，因為它質疑深植於美國人心中的幾個信念之一，那就是經濟繁榮列在構成幸福的原因之中，這種想法來自於自由資本主義的神奇公式：國內生產毛額的提高＝個人與總體愉悅度的增加。

國家統計局（Insee）的數據顯示在法國也有相同的現象：自一九七五

86｜譯註：何納（Jules Renard，1864-1910），法國作家。

至二〇〇〇年間，法國國內生產毛額總體成長超過60%，但認為自己對生活「算得上滿意或非常滿意」的人數比率，始終停滯在75%上下。這方面的數據在歐洲某些國家表現得更殘酷，例如英國，全國的財富在半世紀之內增加了幾乎三倍，但聲稱自己「非常幸福」的個人，卻從一九五七年的52%降到了二〇〇五年的36%。

探討這個問題的另外一種方式，是就財富等級完全不相同的國家，進行生活的滿意指數比較。大家也許會想像，相較於貧窮或是發展中國家，住在富裕國家的人們會比較幸福。但事實並非如此：在美國或瑞士，滿意比率幾乎和在墨西哥或迦納一樣，而且這些國家的國民所得分處於不同的等級。

各種調查還顯示出另一個值得一提的現象：論及幸福感時，「社會比較」扮演了決定性的角色。也可以把何納的名言，拿來作一番社會學的應用：「光是幸福還不夠，還得讓其他人不幸福！」把我們的處境和周遭人的處境相比，或是和與我們社會環境相近的人作比較，也會影響到我們對自身處境的評價。我們的幸福跟別人的幸福有關，似乎是相對的。「在巴黎當窮人，那是加倍的窮」，法國作家左拉老早看出了這一點。美國加州大學戴維斯分校學者海格堤（Michael Hagerty）指出，住在收入差距強烈的市鎮，居民感到幸福的比率要小於收入大致相近的市鎮：與抽樣值的高點（錢賺得最多的人）相比，會讓錢賺得少的人更加不滿足。還有一項研究是以大學生為調查對象，如果第一份工作的年薪為三萬三千美元，同時又知道同屆畢業生的薪水為三萬美元的話，大多數的人（62％）會覺得自己比起那些年薪三萬五千美元但知道其他人賺三萬八千美元的人，「更加幸福」[87]！

這就是在同一個社會中收入差距過大的壞處，它會引發挫折感，不只如此，「媒體全球化」也對個體幸福造成負面效果，大家都更加傾向於把自己的財物與他人的作比較，不光是在與自己相近的環境中比，還把規模推廣到整個地球。要讓所有人都能享受最富有的生活方式是不可能的，於是那些大可以滿足於自身境遇但偏偏要去比的人，就飽受不滿足感的蹂躪。

87 | Amos Tversky, Dale Griffin，《評斷幸福的天賦與契約》（*Endowments and Contracts in Judgements of Well-Being*），in R.J.Zeckhauser (dir.)，*Strategy and Choice*, MIT Press, 1991。

可見，想要幸福，很重要的一點就是避免和比自己更幸福或更發達的人作比較！斯多噶學派哲學家塞內卡就說了：「只要有某個更幸福的人會讓你痛苦，你就永遠不會幸福[88]。」不過他也把金錢納入「值得喜愛」的事物之列。他和亞里斯多德都表示，擁有足夠的財物要比有所匱乏來得好。然而就跟大多數古典時期的哲學家一樣，他也認為財物過多不僅在獲得幸福上毫無必要，還會因財富必定帶來煩惱而受到傷害，像是害怕遭竊、耗費大量的時間管理財物、他人的嫉妒，等等。拉封丹（La Fontaine）[89]的寓言故事《補鞋匠與富翁》[90]，就是完美的闡述。金錢匱乏當然有礙幸福，因為要動員所有能量活下去，同時又阻礙自己實現真正的夢想。的確，只要有點錢就能對幸福作出貢獻，但是不斷追求增加財富也非常有害。古代的智者就說過，為了不要成為金錢的奴隸，一旦我們滿足了基本需求之後，就要知道如何限制自己的物質欲望，這樣才能把更多的關注放在家庭、朋友、我們的愛好以及內在的生命上。

關於這方面的意見調查，我們看到了頗值得玩味的矛盾點。如果提出

88｜塞內卡，《怒氣》（*De la colère*），III，30，3。

89｜譯註：拉封丹（La Fontaine，1621-1695），法國作家。

90｜譯註：《補鞋匠與富翁》（*Le Savetier et le Financier*）故事大意：補鞋匠每天唱歌幹活，比古聖哲人還快樂。富翁鄰居穿金戴銀，吃得少又睡不好，偶爾打瞌睡還被鞋匠的歌聲吵醒，一心希望財富能買來睡眠⋯⋯。富翁聽鞋匠說了他少得不能再少的收入，給了他一筆錢。鞋匠把錢鎖在地窖，從此失去了歡樂，疑神疑鬼，睡不著覺又唱不了歌，當然也吵不了富翁打瞌睡。最後帶著錢去找富翁：「錢還你，瞌睡和小曲兒還我。」

的問題是：「你覺得什麼是獲得幸福最重要的事？」在讓人感到滿足的幾個基本因素中，不會出現金錢與物質享受。不論在哪一洲，家庭、健康、工作、友誼和精神生活，都占了壓倒性的勝利，被視為幸福的基柱。順帶一提，上述因素的最後一項在法國沒什麼地位，但它在很多重視宗教信仰的國家卻很重要。以美國為例，信仰宗教的人比較幸福，平均壽命也比其他人多了七年（飲酒、吸食禁藥、自殺、抑鬱、離婚的情況都比較少）。要是提出另一個問題：「現在你想獲得什麼讓自己更幸福？」，大部分接受調查的人都會回答「金錢」（其次才是健康）。

既然我們認為家庭、友誼或健康之類的因素，比金錢更具有決定性，為什麼同時又會覺得金錢能讓我們更幸福呢？某人很有錢，但身體很糟或生活中沒有感情連結，他和另一個收入微薄，但身體健康、感情生活愉快的人相比之下，必定對自己的人生比較不滿意。關於這個我有三點解釋。

第一，我們都嚮往自己沒有的東西，自然會認為最想要的就是提升自我愉悅。大部分接受調查的人，身體都算得上健康，對自己的感情生活與工作也還滿意。不過他們認為，如果能有錢（在他們看來是最嚴重的缺失），應該會更幸福。尤其如今我們正面對戰後最嚴重的經濟蕭條，整個環境又不斷鼓動物質欲望時，更是如此。廣告的大肆宣傳與他人炫富的場面，終於使得我們拋棄理智，提高了物質占有欲，最明顯的感受就是對金錢的需求。近期幾項調查，雖然結果有待確認，但都始無前例地顯示出幸福與經濟成長的緊密關聯[91]。即使大家有吃有住，但還是會因為不能（或更常）度假、無法給自己買平板電腦而感到難過。盧梭（Jean-Jacques Rousseau）[92]在十八世紀中期就已指出，人們養成享受的習慣非常快，連技術的發展都趕不上。一開始只是單純的**方便**，很快就變成**需要**，大家「擁有它們不覺得幸福，失去了就感到痛苦[93]」。今天，絕大多數擁有汽車、電視、電腦、手機的人，會覺得無法想像生活中沒有這些東西，不知道盧梭又會作何感想？

上述矛盾的第二個原因是我們正處在非常不確定的時期。跟我們的父母相比，我們的「不安全感」要來得更多，他們經歷了法國輝煌的三十年

91 | Marie de Vergès「談幸福，論發展」（Parlons bonheur, parlons croissance），《世界報》，2013年2月26日。

92 | 譯註：盧梭（Jean-Jacques Rousseau，1712-1778），法國作家、哲學家、音樂家。

93 | 盧梭，《論人類不平等的起源和基礎》，II。

94 | 譯註：Les Trente Glorieuse，指已開發國家在1945至1974間的經濟高度成長時期。

[94]，如今沒人或幾乎沒人能逃避失業的威脅與多少不太穩定的現狀。不只是期待收支能平衡的人會表現出對金錢的需求，就連其他人也希望自己能有更多保障，好面對不確定又令人焦慮的未來。

最後一點，金錢代表的意義遠超過單純的財物獲取，它還能讓我們滿足自己的愛好，可以旅行，過著更自主的生活。有這麼多很好的原因要得到它，不是把它當成自我的最終目標，而是讓日子過得更輕鬆的方法，更何況有時它還能幫助我們實現內心的夢想。

光是幸福還不夠，還得讓其他人不幸福！

——何納

擁有它們不覺得幸福，失去了就感到痛苦。

——盧梭

10

腦袋裡的情緒

Le cerveau des émotions

換個腦袋就換個人生[95]。

韓森（Rick Hanson）[96]

95 | 韓森，《佛陀的頭腦，腦神經科學時代的幸福、愛與智慧》，Les Arènes，2011。
96 | 譯註：韓森（Rick Hanson），美國心理學家。

二十世紀有如劇場，上演種種令人難以置信的科學發現，範圍包含了無限大的天文物理、無限小的量子物理，以及生命科學。不過有個領域幾乎未經探索，那就是人的大腦。三十多年來，無數的研究以它為對象，相信二十一世紀必定能發現什麼是大腦複雜的祕密，甚至有可能進一步了解我們的頭腦如何運作，以及它和軀體如何相互作用。

最早的研究顯示大腦具有特別的變化，會直接影響我們的愉悅感。於是我們發現了某些在腦部製造出的分子，對保持情緒平衡扮演著重要的角色。有六十多種神經傳導物質（或神經傳導物）占據著大腦的舞台[97]。這些物質來自氨基酸，藉由促進或抑制神經衝動的傳遞，確保神經細胞之間的溝通。神經傳導物質根據它們發生作用的區域不同，而有不同的效果。某一種物質過多，可以導致另一種物質不足。每個腦葉都從神經系統獲得電衝動，並負責將它轉變成化學訊息，依賴這種轉換才有腦內和諧。飲食不均衡、情緒泛濫或缺乏睡眠，都會干擾神經傳導物質。

97 ｜ 感謝 Emilie Houin 以及拉魯斯辭典醫學組協助我闡明這一章中的某些資料。

神經生物學家布雷弗曼（Eric Braverman）[98]，利用大腦電波分布圖形（Brain Electrical Activity Map），研究腦部電波的運行。這項腦成像技術，於一九八〇年代由哈佛醫學院的研究人員設計而成，用來檢視大腦在多巴胺、乙醯膽鹼、伽瑪氨基丁酸和血清素的作用下，會處於平衡還是不平衡的狀態。與多巴胺對應的是能量與動機，乙醯膽鹼有助於創造與記憶，伽瑪氨基丁酸使人放鬆、情緒穩定，和血清素連結的是生活的喜悅、滿足的情感。布雷弗曼的研究指出，大腦這四種主要的神經傳導物質，對我們的行為作出重要的影響。

因此，某人要是伽瑪氨基丁酸的分泌十分平衡，會有表現出親切與忠誠的傾向，面對問題也能保持一定的抽離。這種神經傳導物質和腦內啡的製造有關，付出體力會釋放腦內啡，不論是運動還是性愛，會造成欣喜的感受。不過，如果腦中的伽瑪氨基丁酸過多，會傾向於為他人犧牲自我，變得很依賴。相反地，嚴重缺乏此一物質會產生某種程度的不安定感，失去自我控制。

98 | 普林斯頓大學腦生物中心前主任，紐約與費城 PATH 醫學中心負責人。以下資料來自他的著作《百分之百的大腦》（*Un cerveau à 100%*），Thierry Souccar Editions，2007。

額葉分泌大部分的多巴胺，相當於產生動機、下決心、生存的欲望。當多巴胺握有主導權時，會有活潑、外向的性格，喜愛掌握權力，但可能會難以接受批評。分泌過多則能導致衝動與殘暴的行為。

乙醯膽鹼的製造區域在頂葉，和它關係密切的是創造、直覺、社交性、喜愛冒險，還有記憶力。分泌過多會出現過度利他的表現；個體甚至會認為周遭的人都在利用自己的善行，產生妄想。缺少它則會產生不真實感，注意力無法集中。

至於血清素，從縫核（raphé）直到小腸都有，牽涉到生存的喜悅、樂觀、滿意、泰然自若、睡眠以及兩個腦半球的和諧。血清素過多可能會造成神經過度緊張，缺乏自信，一點點批評都會覺得自己受到攻擊，「想到自己可能惹人不高興，會造成病理的恐慌發作」。血清素不足則覺得自己受親友排斥，會封閉自己；憂鬱症是缺乏血清素常見的症狀。

除了神經傳導物質以外，大腦還受到各種荷爾蒙的影響，它們來自內分泌腺體包括腦下垂體、甲狀腺、腎上腺和生殖腺。製造荷爾蒙的還有分泌胰島素的胰臟，以及分泌催產素的下視丘，待會就要談到它。

這些內分泌腺體與器官將荷爾蒙釋放到血液中，它們通常會和蛋白質結合，由後者調節它們的行動，以確保大量的生理功能得以良好地運作，像是細胞的新陳代謝、性發育或是身體面對壓力的反應。總之，就像鑰匙找到了正確的鎖，荷爾蒙會在自己的目標器官中選定適合的接收器，然後就能幫助人體適應並面對出現的各項需求。

在那些給人帶來愉悅或正面情緒的諸多荷爾蒙中，我們注意到在下視丘合成的催產素，它會在性高潮、分娩與哺乳的時候釋放出來。這種多肽在使人對他人產生信心上扮演積極的角色，有助於生出同理心、慷慨，提升助人的欲望。催產素也會減少我們在社會環境中所感受到的壓力與焦慮[99]。

荷爾蒙系統的自我調節，經由回饋效果來進行，它能加強或縮減荷爾蒙的製造。不過荷爾蒙經常會因為壓力而失調，還有一些干擾的因素會損壞、堵塞或改變某種特定的荷爾蒙，在人體運作上產生有害的作用。除了

99 | Martin-Du Pan，《瑞士醫學雜誌》，2012，8:627-630。

水銀和鉛以外，不受歡迎的東西像是雙酚A和塑化劑，在目前的環境中能從很多塑膠製品中找到，還有防腐劑，不僅出現在化妝品的成分裡，也使用在工業製造的食品與上百種藥品上。

不久前，研究大腦的專家提出另一個身心愉悅的要素：5-HTTLPR基因的長度，它對製造運送血清素的分子具有影響力，剛才我們說過血清素是有助於樂觀、熱愛生活與泰然自若的神經傳導物質。這個基因的長度因人而異，對我們的心情行使不容忽視的影響力。最近在美國對二千五百七十四人進行了一項研究，結果顯示短的基因能提供的轉運體比長的基因少，會使人體對緊張事件比較敏感，而長的基因比較會注意正面的事件[100]。

由此看來，我們的情感生活頗受到大腦和身體分泌的所有化學物質所影響，它們對於感受幸福或痛苦的資質，扮演舉足輕重的角色，這也是叔本華當年的揣測——雖然他對人體的化學運作完全不了解。然而，就算我

100｜《人類基因》月刊，56，456-459（2011年6月）；http://www.nature.com/jhg/journal/v56/n6/full/jhg201139a.html。

們覺得神經傳導物質與荷爾蒙決定了我們，但仍有各種科學研究指出，藉由慢慢改變自身的習慣與行為，我們也能對這些物質起作用。最新的發現就是神經具有了不起的可塑性：大腦會根據我們的經驗不斷改變它自己，進而製造出新的神經細胞或神經連結。

以上顯示出感受幸福的資質，會因為遺傳獲得的基因，與人體的化學分泌物而受到影響，但同時又不會完全遭到限定，可以因為我們的飲食、行為、生活方式而改變；現代科學終歸削弱了基因決定論不斷提出的假設。尋求「幸福基因」純屬幻想。我們的基因確實會設下不少關乎幸福的安排，但不會限定這個安排。它們奠定了大部分的情緒結構，但我們能影響自己的情感與心靈狀態。早在三百五十年前，荷蘭的猶太哲學家斯賓諾莎，就已經充分理解這一點並作出解釋，我們在這本書的最後會看到他。

我們的情感生活頗受到大腦和身體分泌的所有化學物質所影響，它們對於感受幸福或痛苦的資質，扮演舉足輕重的角色。

我們的基因確實會設下不少關乎幸福的安排，但不會限定這個安排。它們奠定了大部分的情緒結構，但我們能影響自己的情感與心靈狀態。

——本書作者　勒諾瓦

11

專注與做夢都是藝術

De l'art d'être attentif…

et de rêver

等待活出生命的同時，
生命正流逝[101]。

塞內卡

101 | 塞內卡，《致路西留斯的信》，I，1。

我們已經強調過，一己擁有的意識品質，是自我感到幸福的決定性要素。越能意識到生活中的正面體驗，就越能提高我們的快樂和身心愉悅感。意識，允許我們「品嘗」幸福，這種自反性行為能讓幸福的感受更強烈、更深刻而持久。我們對自己正在做的事，不論投入哪一種品質的專注，都會以決定性的方式滋養我們的幸福。古典時期，斯多噶和伊比鳩魯學派的諸多哲人，早已強調過這一點的重要性，並表明每個瞬間都讓我們觸及永恆。只有在當下才能感受到至福。

最新的科學研究也確認了長久以來，無數哲學家與心理學家所提出的這個事實。多虧了大腦影像，神經科學學者得以證實，當我們只專注於一種體驗，以及我們心不在焉、思緒飄忽不定的時候，大腦活躍的區域在這兩種情況下並不相同[102]。臨床觀察也指出，患有神經紊亂或憂鬱症的人，最常表現出的行為方式就是「反芻思考」，這和明顯表現出主觀身心愉悅的人正相反，後者更有能力從某個活動轉換到另一個活動，同時還能保持專注。於是在注意力／專注和身心愉悅之間，以及反芻思考／飄忽不定與

102 | 有關這些研究，可以從 Pitié-Salpêtrière 醫院的精神科醫師暨研究員 Antoine Pelissolo 和 Thomas Mauras 發表在《大腦與心理》，2013 年 7 月號的論文「幸福的大腦」（Le cerveau heureux）中，讀到精彩的綜述。

苦惱之間，能建立出兩種關聯，同時辨認出這些心境在大腦中的錨定情形。

有幾種針對憂鬱症病人的療法，會教導他們如何專注在眼前的片刻，成效卓著。在這些療法中，我們尤其注意到以「正念」（pleine conscience）為名的冥想訓練，由美國卡巴金（Jon Kabat Zinn）博士於二十多年前設計而成，他自佛教的冥想獲得啟發，法國的精神科醫師翁德（Christophe André）是此一療法的主要發起人之一[103]。體驗寧靜的冥想，能集中注意力又不致於感到緊張，並安撫精神狀態，平息不斷循環的各種念頭，從內心為自己注入活力。這份平靜涉及身體與心靈的互動，會同時影響到人體和情緒。

此外還有研究是專門針對受過訓練的冥想者，如法國僧侶李卡德，他每天冥想好幾個小時將近四十年；這些研究指出，修習冥想的人具有特別的大腦反應，他們的伽瑪腦波要比其他人都強得多，還觀察到他們「大腦整體的電活動有較佳的同步性」，以及「神經可塑性的提高，也就是說，神經細胞傾向於建立更多的連結[104]」。

103｜翁德，《每日冥想》（*Méditer jour après jour*），l'Iconoclaste，2011。另有 Fabrice Midal 的著作，他是哲學家也是佛教禪修者，《修習冥想》（*Pratique de la méditation*），Le Livre de Poche，2012。

104｜Antoine Pelissolo 與 Thomas Mauras 的論文，已錄。

如果持續修練冥想有助於帶著「正念」生活，那麼日常中的每個經驗，當然也可以成為身心愉悅的來源，製造出相似的效果。我們只需要專心對待當下正在做的事，集中我們的感覺，像是在做菜的時候、吃東西的時候、走路、工作、聽音樂的時候，各個時刻，而不是一邊執行這些事項或職務，一邊想著別的事，或任憑我們的想法從這個煩惱漫遊到另一個煩惱。日常生活的每一刻都成為幸福的源泉，不僅僅是因為從事各種活動得到的樂趣，也是因為注意力能給予大腦無比的刺激，使它製造出腦波與化學物質，加強了身心愉悅的感受。

很多時候我們會發現自己並不活在眼前這一刻，而是任由我們的想法漫遊到過去或未來。我們會同時進行好幾件事。一邊工作，一邊把不同的煩惱復習了好幾遍。過動的現代生活，只會讓以上的傾向越演越烈，於是壓力、慢性疲勞、抑鬱和焦慮，在我們的社會持續快速地增加。所以，對我們正在做的事，對我們的感覺、我們的知覺，投入更多注意力，可以改變生活。

然而關於上述的內容，我必須提出兩點修正。所有談論人生智慧與自我成長的書籍，必定都會強調專注於當下是最基本的一點[105]，但是還有另外一個形成互補的觀點他們沒有提到，那在我看來也十分重要。如果我們目前的生活方式容易滋長一心多用、逃避當下的想法、形成壓力與苦惱的來源，這並不表示我們必須落入極端的反面作法，一定得排除所有的幻想、所有的心靈遨遊。

為了保持平衡，我們不僅要全神貫注，集中精神，但頭腦也需要隨著一時的心情、靈感與聯想，蹓躂一番，沒有什麼明確的目標。這是我們夜晚進入夢鄉後的體驗，要來補償白天受到控制的有意識活動。在專注於自己的工作、面對各種日常活動之後，允許自己在某些時刻放鬆注意力，讓自己浮想聯翩、玩耍嬉戲，任憑流動的心思來來去去並不是糟糕的事。這樣的「不專心」不等同於「反芻思考」，後者通常是執意懊悔過去的事、憂慮未來的事，因而增加了負面的情緒。蒙田告訴我們騎馬會帶給他快樂，最主要的原因之一就是：有空做做白日夢。

105 | Eckhart Tollé，《當下的力量》，Ariane，2000。此書為許多人所熟知，並專注於此一議題。

我很驚訝看到很多兒童苦於注意力難以集中，過動又煩躁。通常這些兒童不斷在接收外界的刺激：在學校裡努力集中精神，回到家不是電視、電腦，就是互動式電動遊戲。在他們的生活中，既沒有空間也沒有空閒來建立內在性（intériorité）。要知道，內在性的建立，不但要仰賴思想與教育，也必須憑藉幻想與遊戲，讓兒童自由發揮想像力。

「外在世界過多的要求抑制了兒童想要創造的動力，阻礙他思考、表達自我，讓他無法創新。」臨床心理學家希汀潔（Sevim Riedinger）表示：「就算是面對電腦中的世界，但對他而言，遊戲一直是用來建構自我的重要支柱。只有在遊戲中，他才能完全自由地享受確實屬於他的內在空間，無拘無束。讓他制定、打破與翻新他的現實，讓他吸收自己的痛苦。當境況陷入僵局的時候，要到更遠或更高的地方尋找解決的方法。拉開自己與絕境的距離，重新找到生命的驅動力[106]。」而我們成人經受那麼多外界的要求，必須完成無數的任務，以致於我們時常處於「思考」或「專注」的運作模式，到最後也會透不過氣，也會乾涸。

106｜希汀潔，《兒童的祕密世界》（*Le Monde secret de l'enfant*），Carnets Nord/Editions Montparnasse，2013，p.79。

因此，我們的精神不僅需要集中，保持專注，也需要放鬆，獲得新生，而這可以藉由內在的寂靜，例如冥想帶來成果，但也可以借助幻想，在想像力的漫遊之中新生。排除了活動、面對寂靜、聽音樂、讀詩、欣賞大自然或藝術品，它們都是強化內在生命的珍貴資產。如同遊戲之於兒童，我們的頭腦通常是在放鬆的時候，突然生出了問題的解決方法、那些最高明的主意與直覺，讓我們能從受困的局面再度往前邁進。

有些療法正是要把個體放入意識改變的狀態，好讓大腦依照另外一種方式運作，不同於習慣的理性世界，有助於某些遭到壓抑的情緒得以湧現。在傳統的世界中，這種經歷是典型薩滿教的出神狀態，古希臘和羅馬人會藉由神祕的崇拜儀式來體驗。這些方法在許多傳統文化裡依然存在，現代西方國家從中獲得靈感，發展出以「意識改變的狀態」與「心理混亂的狀態」為基礎的療法：催眠與重生（rebirth）都是不錯的例子。個體因為失去了穩定性，大腦不再依據通常受到的控制模式運作，所以能夠改變，使他的內在線路開始運動，進入另一種「存在的狀態」。

我想要提出的第二個重要的修正是，對很多人而言，我們的幸福取決於活在當下的能力，不過幸福也仰賴我們能夠回憶生命中美好時光的資質。當頭腦漫遊到過去，掏出負面的回憶、懊悔與遺憾時，會讓人感到不幸，但當它搜索出快樂的時光，就能帶來非凡的幸福。快樂的意識帶給幸福養分，要是這個意識一直活躍在當下，也能啟動想像的世界，來占有與「處理」關於過去的回憶。法國作家普魯斯特在《追憶似水年華》一書中，就是用這種方法稱頌幸福，挖掘出來的回憶把幸福帶給了當下的我們。

這一點，古代的哲學家可是早就強調過了。當柏拉圖在《斐萊布篇》（*Philèbe*）[107]提到心靈的快樂時，他很看重回憶的作用，尤其談到回憶身體上的快樂，那種幸福感能提前激發未來再度面對時的感受。由於我在記憶中保留了啜飲美酒時所感受的強烈快樂，所以我不光是在想起它的時候覺得幸福，就連打算再一次品嘗時也會同樣感到快樂。

伊比鳩魯也強調回憶的基本作用有如幸福的催化劑，尤其當身體遭受疾病或虐待的痛苦時，回憶能找回「不動心」（ataraxie），生命中最深刻的

107 ｜ 譯註：《斐萊布篇》（*Philèbe*），或作《快樂篇》，據信是柏拉圖倒數第二篇對話錄。

平靜，就是對幸福時光的記憶。可是它所涉及的不只是讓心靈回到過去的旅行，拿普魯斯特來說，回憶還讓他**重溫了愉快的感受**；多虧了這段模糊的回憶，幸福的感受永遠會在**眼前**重生。

我還要加上幾句，要是回憶能對幸福作出貢獻——不可諱言，那貢獻也可能和痛苦有關——都是因為它把我們的生命帶到了某一段特定的時光。這麼說來，如果我們對活在當下懷有強烈的意願，我們甚至不用刻意去記，就能在記憶中留下所有過去的經歷、所有的情感連結，它們把這一刻與其他許多時刻以及我們的同伴，連結在一起。我們藉由這樣的過程構建出自我的身分認同，這也是阿茲海默症會帶來悲劇的原因。就在幾年前，我曾經完全失去了十幾個小時的記憶（突發性的失憶）；我那時才知道，這種名副其實的「缺席」屬於解離症的一種：什麼人都認不出來，對自己的身世再沒有任何記憶，我們就像是跟自己作了切割；從那一刻起，沒有任何當下的快樂可以代替時間流程中、具有決定性的「自我」意識。

日常生活的每一刻都成為幸福的源泉，不僅僅是因為從事各種活動得到的樂趣，也是因為注意力能給予大腦無比的刺激，使它製造出腦波與化學物質，加強了身心愉悅的感受。

伊比鳩魯也強調回憶的基本作用有如幸福的催化劑，尤其當身體遭受疾病或虐待的痛苦時，回憶能找回「不動心」（ataraxie），生命中最深刻的平靜，就是對幸福時光的記憶。

——本書作者　勒諾瓦

12

我們體現的是自己的想法

Nous sommes ce que nous pensons

如果我曾經幸福，
現在該有多幸福啊！

伍迪・艾倫

現代心理學重新提出了一個以前就有的哲學議題，它涉及我們的情感（情緒與感覺）以及想法和信念之間的關係。前者是否比後者早出現，而且對後者具有影響力？或者正相反，我們的情緒與感覺是想法與信念的果實？舉個具體的例子：有個悲傷的人懷疑自己的能力，他變得悲傷是因為他的無能來自於想法或信念，還是他之所以發展出這種想法，是因為兒童時期的他曾經歷情感創傷，而這不僅讓他悲傷，還讓他發展出自卑的心理？

古人比較傾向於假設思想在地位上與時間上都高於情緒。佛陀有言：「我們體現的是自己的想法。[108]」不過從斯賓諾莎開始，然後是佛洛伊德，近代學者反而更看重情感，認為情感能決定思想的內容。隨著二十世紀末發展出正向心理學，又輪到當代的學者強調想法與信念在情感生活中，扮演決定性的角色。

我覺得那都是假議題。在我看來，情感與想法之間的互動一直存在，彼此都對對方具有影響力。有時候情緒出現的時間點早於思想，例如有一

108 ｜ 譯註：Nous sommes ce que nous pensons，或許出自《法句經》第一句「諸法意先導」。

天我被狗咬了，我變得怕狗，認為牠們都很危險。有時候想法則比情緒更早發生，例如母親告訴我狗很危險，所以當我看到狗走過來，害怕得動都不敢動。重要的是，在這兩種情況下，我們都可以動員自己的情緒使想法與信念得到改變，就像我們也可以動員自己的想法與信念來改善感情生活。

大部分的新式行為療法，整體來說都能獲得不錯的效果，它們藉由正向的行為重塑，把修練情緒與修練想法結合在一起。身體與心靈、情緒與想法，全都被調動起來，以便治癒某個心理創傷、某個恐懼症、某個過去的傷口。而且想法與情緒的修練不僅可以療癒，也可以預防。其用意是當某個想法或情緒出現的時候，能警惕自己，避免受到干擾。

內省則有助於關注自己的內在生命，可以越來越快地感受到是什麼正在對我們起作用，並且在想法或情緒開始扎根、進而擾亂我們之前就採取行動。這也是冥想的重要貢獻之一：靠著每天的冥想讓我們和想法與情緒保持距離，我們會學著不再把自己和突然湧現的情緒混在一起，也不再讓那些細微的想法占據我們。我們會學著不再說：「我生氣了」，或是「我很難過」，而是觀察到：「嗯，生氣來了，難過來了。」保持這樣的距離可以更好地掌握感情生活，並且審慎篩選進到腦袋裡的想法。

我們還可以再多跨一步，積極修練我們的想法與信念。我們會更傾向於了解，外在的世界不過是自己內心世界的鏡子。當某人看著眼前的風景，如果他是商人就會看見足以開發的地點，詩人則看見「充滿象徵的森林」，談戀愛的人掛念心愛的他或她，夢想一同去散步，感傷的人帶著懷舊的心情，想起很久以前在某個類似的自然環境發生的事，樂天的人開心欣賞那片景致的色彩與和諧，抑鬱的人只看見枯燥乏味的景象。我們的想法與信念就跟我們的心靈狀態一樣，決定了我們和世界的關係。有自信的人在特定的局勢中會看見美好的機會，畏首畏尾的人把注意力放在其中的風險上。重視自我的人則不會猜疑別人對他的看法，不看重自己的人哪怕只有一丁點批評都會讓他非常敏感，更加深了他的消極。

關於這一點，古代的智者也非常了解。在佛祖之後，斯多噶學派的愛比克泰德（Épictète）[109]表示：「只要你不願意，沒有什麼能對你造成傷害。當你認為自己遭受損失的時候，你才會遭受損失[110]。」稍後我會以較長的篇幅介紹佛教經典與斯多噶學說的智慧。這裡我必須說明為何修練想法與信念，會是建立幸福人生非常重要的元素。

叔本華十分清楚這個作法，他尤其強調發展正面想法的必要性，去除我們由來已久的負面信念。他在《幸福的藝術》專論中建議「看待我們擁有的東西，恰恰要以不再擁有它的態度面對[111]」（有形的財產、健康、社會地位、愛），因為我們通常要等到失去之後，才會明白自己曾經有過的運氣。從「如果我有這個？」的想法，轉變成「如果我失去這個？」的想法。與其看著那些過得不錯的人，還不如看看那些過得比我們差的人，因為正如當代的社會學研究所指出的，比較，是感到幸福或不幸的方法之一[112]。叔本華也建議，盡量避免增加心中的期望與憂慮[113]。當代哲學家康特-斯龐維則是把他關於幸福的整個哲學，建立在絕望的智慧這個主題上：

109 ｜ 譯註：愛比克泰德（Épictète，約 55-135），古羅馬斯多噶派哲學家。

110 ｜ 愛比克泰德，《手冊》，Arlea，1990。

111 ｜ 叔本華，《獲得幸福的 50 條生活規則》，第 25 條生活規則。

112 ｜ 同上，第 27 條生活規則。

113 ｜ 同上，第 18 條生活規則。

「智者再沒有什麼好期盼等待的，因為他幸福滿溢，什麼也不缺。正因為什麼也不缺，才會幸福滿溢[114]。」

塞利格曼（Martin Seligman）是美國賓州大學教授，賓州正向心理學研究中心的主持人。四十年來，他一直是正向心理學的先驅之一，這門科學感興趣的是人類最理想的運作模式，目的是在評估讓個體充分發揮的種種因素。其重心並沒有放在疾病或痛苦之上，反而著重於心理健康的起因。塞利格曼在這個領域進行了許多研究，以了解什麼會帶來健康或是疾病、幸福或是不幸。這些研究歷時好幾十年，對象包括好幾萬人，引領他重新探討以前就出現過的、「樂觀者」與「悲觀者」的不同之處，前者傾向注意事物正向的一面，懷著信心考量未來，後者則偏向看見事物反向的一面，對未來憂心忡忡。

其他還有很多學者也進行研究，使得這方面的報告更加完整，顯示出「樂觀者」在各個領域都比「悲觀者」的整體表現來得好，因此獲得幸福的

114｜參見他的兩卷主要著作：《論絕望與至福》，PUF，1991。

能力也多得多。因為他們對生活有信心，面對未來從容平靜，某種程度上會比悲觀的人為自己「吸引」更多正向的事件與人物。他們的健康狀況也比較好，得到憂鬱症的機率減少八倍，平均壽命比較長[115]。不管處在哪種困難的局面，樂觀的人思考解決問題的方法，悲觀的人則相信沒有解決的辦法，要不就是認為緊張的局勢會一直持續下去。悲觀人士的內心深處不認為有獲得幸福的可能。他們也許會採用電影導演伍迪・艾倫的名言作信條：「如果我曾經幸福，現在該有多幸福啊！」

為什麼有些人就是比較樂觀，而其他人傾向悲觀呢？塞利格曼提出好幾個因素，主要在於經由基因遺傳而來的個人敏感度。不過父母與老師的影響力，和整個大環境與宗教的影響一樣，不容忽視。因此，有些國家的人似乎比較樂觀，像美國人，而法國人名列全球最悲觀者也是出了名的。

媒體造成的效應具有同樣的決定性：它們可以一直把不太好的事拿來當頭條，以維持令人焦慮的氣氛。雖然很難讓典型的悲觀者一覺醒來就變得「樂觀」，但大家還是可以減少自己信念與想法中消極的一面，懷抱更

115 ｜ 塞利格曼，《真實的快樂》，Simon and Schuster，2002。

多信心接受生命。也許這樣就會變得更快樂，或至少，覺得不那麼痛苦。

看待我們擁有的東西，恰恰要以不再擁有它的態度面對。

——叔本華

智者再沒有什麼好期盼等待的，因為他幸福滿溢，什麼也不缺。正因為什麼也不缺，才會幸福滿溢。

——康特-斯龐維

13

一生的時間

Le temps d’une vie

啊，活著的喜悅在於一切沒有終結[116]。

克里斯提昂·波班[117]

116 | 《宗教世界》期刊（*Le Monde des Religions*），訪問，2013年11-12月號。
117 | 譯註：克里斯提昂·波班（Christian Bobin，1951-），法國作家。

「你幸福嗎？」這種詢問方式何其魯莽，總讓我覺得很不舒服。如果這問題指的是我當時的狀況，那真是一點意義也沒有：想想看，在電視台的攝影棚突然被問了這一句，讓我很不自在，而且正因為瞬間的不自在，我很想回一句「不」，可是整體而言我對自己的生活感到幸福……當然相反的狀況也有可能存在。如果這問題是指長時間以來我的整體狀態，那麼它的缺點就是太過二元論了：好像人就是完全的幸福，要不就是完全的不幸福。但其實，我們大家幾乎都稱得上「還算幸福」，我們對幸福的感受隨著時間而變化不定。總的來說，現在我能夠說自己是幸福的，也就是說對我過的生活感到滿意，而且絕對比十年或二十年前要好得多；但十年以後，我的感受可能會比較差，也或許會更好。我們追求的目標，就是讓自己的幸福感越來越深刻，也越持久——只要生命允許的話。

學者們曾經就主觀的身心愉悅分析過不同的參數，指出每個個體都有一個幸福的「定點」，它和個體的人格有密切關聯。每個個體都自然擁有某種獲得幸福的本領。當個體面臨痛苦的處境時（疾病、工作或感情上的挫敗），他就會覺得自己位在定點的下方，但是當他體驗正向的經歷時（結婚、升職），就位在定點的上方。然而接下來，個體幾乎總是會回到他的定點。有些研究甚至指出，大部分的樂透得主會有幾個月的時間處在幸福的高峰，然後再慢慢降回以前的愉悅程度。反之亦然，許多遭受嚴重意外而變成身障的人，在一段時間內會非常痛苦，通常會讓他們想要一死了之；然後他們會逐漸找回對生命的喜愛，身心狀況也會改善，通常在兩年之後，就能找回自己的「定點」，也就是意外發生之前感受過的恆常的幸福[118]。

修練自我，尋求智慧，唯一的目的就是提升我們感到滿意的「定點」，好讓幸福的感受越來越強、越深刻、也越持久。我個人的體驗是，要跨越不同層級的幸福能力是有可能的。我們能跨越多少「回合」，就有多少幸福能力的新「定點」。

118 | P. Brickman, D. Coates, R. Janoff-Bulman，〈樂透中獎與遭受意外：幸福是相對的嗎？〉（Lotery Winners and Accident Victims: Is Happiness Relative?），《個性與社會心理學雜誌》（JPSP），vol. 36，1978。

主體發展的可能與否，關乎每個人的內在修練，也跟滿意指數的提升重疊，這個過程包含了一生的時間，大多數的個體在這方面都很類似。研究數據指出，大部分的人確實分享著相同的滿意指數，它會隨著年齡而有相當類似的變化。自一九七五年開始，法國每一年都會調查生活滿意度，根據這些意見調查的結果，國家統計局的研究人員指出，不論受訪者屬於哪個年代，年齡的作用確實存在。大體而言，生活的整體滿意指數，從二十歲開始直到五十歲前後一直都在下降，但之後就有明顯的攀升直到將近七十歲，接下來又進入新的滑落期[119]。對於這個現象，研究人員並沒有實際作出解釋。我認為可以這樣假設，整體滿意度持續下降到五十歲左右，正好對應幻象的破滅、面臨成人生活的種種艱難，以及生命中期相當程度的質疑，我們從大部分三十至五十歲的人身上可以觀察到這個現象。隨後從五十至七十歲的強烈反彈，或許可以解釋為心智成熟的展現：對自己的職業生涯越來越滿意，從歷練中認識了自己也認識了他人，於是就能活得更好。個體有時候會將生命重新奠基在新的價值或新的欲望之上。有些人

119 | Cédric Afsa 和 Vincent Marcus，「幸福要等好幾年？」（Le bonheur attend-il le nombre des années ?），法國國家統計局，《法國社會形象》，2008 年版。

甚至能「徹底改變」自己的生活。從七十歲開始滿意指數的逐漸下降，也許能以老化帶來的極度憂慮加以解釋，像是健康方面的煩惱增加、體能或智能的喪失、死亡的前景拉近，也加上朋友和伴侶的去世。

事實上對很多人來說，幸福取決於自己和他人的關係。到目前為止，我們對這部分提得還不夠多。

修練自我，尋求智慧，唯一的目的就是提升我們感到滿意的「定點」，好讓幸福的感受越來越強、越深刻、也越持久。我個人的體驗是，要跨越不同層級的幸福能力是有可能的。我們能跨越多少「回合」，就有多少幸福能力的新「定點」。

——本書作者　勒諾瓦

14

沒有他人，我們也能幸福嗎？

Peut-on être heureux sans les autres ?

就算能擁有所有其他的好處，
也沒人會選擇不要朋友[120]。

亞里斯多德

120｜亞里斯多德，《尼各馬科倫理學》，VIII，1。

完全出於利己主義的生活，有可能會幸福嗎？利己指的不一定是對別人做壞事，可以是對旁人不感興趣，只專注於增加個人身心愉悅的感受。不過當代的社會學研究指出，愛情、友誼、情感的連結，組成了幸福的基本支柱之一（其他則是健康與工作）。亞里斯多德和伊比鳩魯早就強調過：沒有友誼，就不可能擁有真正的幸福。此外，亞里斯多德並沒有將伴侶之間的愛情與友誼區別開來，對他來說那是同樣的感情，都包含同一性與相互性，能夠將伴侶或是朋友連結在一起，並帶給他們幸福。

同一性，是因為我們首先在朋友身上認出了「另一個自己[121]」，我們和他分享相同的渴望、相同的喜好與興趣、相同的價值觀，甚至可能是相同的人生規畫。我們很高興能找到在重要的事情上與我們想法一致的人。拉爾修（Diogène Laërce）[122]敘述，每當有人問亞里斯多德朋友代表什麼的時候，他總是回答：「一個靈魂住在兩個身體裡[123]。」蒙田更是這樣形容他和拉博埃希（Etienne de La Boétie）[124]的友誼：「我們第一次見面時〔…〕彼此都覺得深受對方吸引，一見如故，不可或缺，此後再沒有人會讓我們感

121｜同上，IX，4。

122｜譯註：拉爾修（Diogène Laërce），公元三世紀初的詩人、傳記作家、論述作家。

123｜拉爾修，《名哲言行錄》，V，20。

124｜譯註：拉博埃希（Etienne de La Boétie，1530-1563），18 歲時寫出《論自願為奴》（*Discours de la servitude volontaire*）。

到這般親近，對他對我都如此[125]。」

相互性，是因為讓我們舒展煥發的愛需要分享，愛著某個不愛我們的人只會感到痛苦。我要在這兩個層面上再加上第三項，因為亞里斯多德並沒有把它說得很清楚，那就是他異性，另一個人之所以打動了我們，還因為他具有自己的天性，無法把他和其他人做比較，有他的獨特之處和專屬長相。我們為朋友的特殊和自由感到高興，也希望這兩個性質越來越強。

亞里斯多德所說的友愛（philia），意指我們喜歡和眼前珍視的人從事「共同的使命」：從分享對藝術、運動、遊戲、思考的熱情，到建立家庭。哲學家還明確表示「少數幾個朋友就足夠，如同餐點中只需要少量的調味料[126]」。

沒有人能在無愛的情況下感到幸福，無愛是指沒有情感共融的體驗。可是這並不代表所有形式的愛都能帶來幸福。激情的愛也會令人非常痛

125｜蒙田，《隨筆集》，I，28，〈論友誼〉。
126｜亞里斯多德，《尼各馬科倫理學》，IX，10。

苦，因為它奠基於肉體的欲望，最常出現的情況是將對方理想化。激情的愛確實具有某些病態的成分：將伴侶理想化、誘惑的手段、嫉妒、交替出現的悲傷與歡快、懷抱希望和幻想破滅……儘管許多愛情關係以激情的形式拉開序幕，但是對另一個人發展出更深入的了解之前，首先會出現混合了默契的友情，這樣愛情才能持久而幸福。

可以肯定的是，所有的情感關係都具有兩個層面，包含以自我為中心的愛以及無私的愛：我們一方面經由付出的愛與獲得的愛來關心自己，但同時也關心另外那個人，他的快樂、他的幸福、他的個人成就。這兩方面以各種不同的方式攙合在一起。要是朋友之間與伴侶之間，彼此都能付出絕對無私的愛，那麼這個愛就會更強烈也更燦爛。不過也不必因此就一心要為別人做出自己能力所不及的奉獻。蒙田就譴責許多基督徒懷著犧牲的想法，再三重申不要以超過自我能夠承擔的力量去付出愛或幫助他人：「有人要拋棄愉快而健康的生活去為別人服務，在我看來只是糟糕又反常的決定[127]。」

127｜蒙田，《隨筆集》，III，10。

大部分的現代思想家認為人類的自私出於本能，就算表面上看起來並無私心，但所作所為全是為了一己的利益。這是霍布斯（Thomas Hobbes）[128]與亞當・史密斯（Adam Smith）[129]的論點，後來被佛洛伊德採用。這種關於人類天性的悲觀想法，或許承襲自基督教義中的原罪——人類的天性極其墮落，唯有靠著神的恩典才能重建。把神移開之後，留下的只有悲觀！然而此一論點的基礎是前幾章已經提出來的事實：利己的核心使我們傾向於依照本性行事，追求我們的渴望，完成我們的行動。慷慨的人樂於付出，正如吝嗇的人樂於堅守。可是人的心中還有另一條法則，似乎也頗具共通性，讓這些悲觀的思想家忽略了，那就是當我們謀求他人的幸福時，也帶來了自己的幸福。

許多科學研究確實指出幸福與利他之間的關聯：最能感受幸福的人，面對他人也最能保持開放的態度，關懷他人的遭遇就和對待自己一樣，甚至有過之而無不及[130]。不論是對自己和對他人的愛、獲得幸福及讓他人幸

128｜譯註：霍布斯（Thomas Hobbes，1588-1679），英國哲學家，著作《利維坦》（*Leviathan*），對現代政治哲學影響深遠。

129｜譯註：亞當・史密斯（Adam Smith，1723-1790），啟蒙時期蘇格蘭經濟學家、哲學家，其歷史地位有如現代經濟科學之父。

130｜請參看 E. Diener, M. Seligman「M.P.E. 非常快樂的人」，《心理科學》期刊，2002，13:81-84。

福，兩兩之間並不互相牴觸。而且正因為關注他人，所以減少了以自我為中心，而這正是造成痛苦的主因之一。

雖然「利他」（altruisme）這個詞，由十九世紀的孔德（Auguste Comte）[131]所創，但大多數的智者、神祕主義者與哲學家，早已闡述過「愛／付出」的含義，以及它與幸福的直接關聯。柏拉圖曾經在《高爾吉亞篇》（*Gorgias*）強調過「最幸福的人是心中沒有絲毫惡意的人」。使徒保羅轉述耶穌的這段話：「施比受更為有福[132]。」出奇的是，沒有記錄在《福音書》的這句話，恰恰點出了《新約》的精髓。啟蒙時期的哲學家盧梭說道：「我知道，而且感受到行善是人心所能體會的至真幸福[133]。」當代的李卡德，服膺並推廣兩千多年前的佛教傳統，他在最近的著作《為利他主義辯護》作出這樣的結論：「真正的幸福無法脫離利他主義，因為後者具有仁慈的本質，是每個人內心深處的願望，要在生命中實現它。它是永遠不受拘束的愛，來自單純、泰然自若與持久的善心[134]。」

我反對原罪的教義，完全贊同李卡德與佛教的見解，那就是人的本

131｜譯註：孔德（Auguste Comte，1798-1857），法國哲學家，奠立實證哲學。
132｜《使徒行傳》，20，35。
133｜盧梭，《孤獨漫步者的遐想》，第六次漫步。
134｜李卡德，《為幸福辯護，慈悲的力量》，Nil，2013，p.777。

性是善良的，我們的心就是要在愛與付出之中得到發揮。更何況，當我們因為恨意、怒氣、恐懼的影響做出負面行為時，常常會覺得彷彿脫離了自我：人一暴躁起來，我們不是會說他「失常」，或行為「離譜」嗎？相反地，當我們因善意、利他與同理心激發出正面行為時，卻能完全感受到自身的存在，這是因為我們的天性根本就是利他。

面對人生的悲歡離合所做出的種種反應，讓我們發展出恐懼、怒氣，甚至恨意。為了走出這些情緒，修練自我、自己的想法與情緒，常常能帶來重要的貢獻。不過什麼都不能代替被愛的體驗。愛／付出能療癒生命的傷口：不只是在接受愛的時候，當我們發現自己的心理埋藏著善意時也一樣。於是我們得以進入生命中卓越的良性循環：越是幫助他人就越感到幸福；越是幸福就越想幫助他人。

有人要拋棄愉快而健康的生活去為別人服務，在我看來只是糟糕又反常的決定。

——蒙田

最幸福的人是心中沒有絲毫惡意的人。

——柏拉圖

施比受更為有福。

——耶穌

我知道並感受到行善是人心所能體會的至真幸福。

——盧梭

真正的幸福無法脫離利他主義，因為後者具有仁慈的本質，是每個人內心深處的願望，要在生命中實現它。它是永遠不受拘束的愛，來自單純、泰然自若與持久的善心。

——李卡德

愛／付出能療癒生命的傷口：不只是在接受愛的時候，當我們發現自己的心理埋藏著善意時也一樣。於是我們得以進入生命中卓越的良性循環：越是幫助他人就越感到幸福；越是幸福就越想幫助他人。

——本書作者　勒諾瓦

15

幸福會蔓延

La contagion du bonheur

每個男女都要一直想著以下這段話：
我聽那些為自己征服幸福的人說，
幸福是最美好也最慷慨的獻禮[135]。

阿蘭

135 | 阿蘭，《論幸福》，XCII。

二〇一三年春天，我參加了一場圓桌會議，那是斯卡立（Faouzi Skali）[136]在摩洛哥菲斯（Fès）主辦的蘇菲文化節。會議的主題是幸福。在我的發言之後，輪到國王的顧問阿祖雷（André Azoulay），一位正直的猶太人，一直以來積極倡導以色列與巴勒斯坦之間的對話。他對處在充滿苦難與悲劇的世界還能追求個人幸福，表達了他的懷疑：活在不幸的世界，我們還能感到幸福嗎？雖然這不是他的原句，但這疑問在我心裡停留了很長的時間。我的回答毫不猶豫：可以，說上一百次也不會變。

因為幸福會蔓延。我們越是幸福，就越能讓周遭的人感到幸福。出於對受苦之人的同理心或同情心而放棄個人的所有幸福，但如果這麼做並不能幫助他們，又有什麼意義呢？重要的，不是拒絕幸福，而是付諸行動，投入心力，讓世界變得更美好，並且不把自己的幸福建立在損害他人幸福之上。然而令人憤慨的是，有人打造出金錢帝國，卻完全或幾乎不分享自己的財富。甚至還有人把自己的成功建立在別人的不幸之上。這樣的表現可以說是完全不關心公眾的福利。

136｜譯註：斯卡立（Faouzi Skali，1953-），摩洛哥人類學家。

不過，如果我們把自己的成就或發達拿來為他人服務，如果我們的幸福也允許我們將幸福帶給別人，就能把幸福視為道德責任。紀德（André Gide）[137]在《地糧》中將這一點表達得非常清楚：「世上有這麼多苦難、窮困、折磨以及恐懼，幸福的人一想到此就為自己的美滿感到可恥。然而，自己不了解幸福，對他人的幸福同樣無能為力。我從心底感到擁有幸福是迫切的職責。不過種種幸福在我看來又都卑鄙可憎，因為要獲得它，唯有犧牲他人，剝奪他人，將成果據為己有[138]。」

科學研究的確證明了幸福是會感染的。哈佛大學社會學教授克里斯塔吉斯（Nicholas Christakis）主持一項歷時二十年的研究，參與受試者接近五千人，他說「幸福有如衝擊波」，「眾人的幸福，取決於彼此相關的他人的幸福。因此我們可以把幸福看成是群體現象」，這項研究甚至還明確指出，「每個幸福的朋友能使我們感到幸福的可能性提高9％，而每個不幸的朋友則會讓我們的幸福降低7％[139]」，看了不禁微微一笑。如果我們的幸

137 ｜ 譯註：紀德（André Gide，1869-1951），法國作家，曾獲諾貝爾文學獎，代表作有《地糧》（*Les Nourritures terrestres*）等。

138 ｜ 紀德，《地糧—新糧》，Gallimard，coll.《Folio》，2012。

139 ｜ 幸福會在廣泛的人際關係間不斷傳播：弗瑞明罕心臟研究所超過20年的縱向分析結果。BMJ，2008；337 doi: http://dx.doi.org/10.1136/bmj.a2338（2008年12月5日發表）。

福能促進別人的幸福，彼此互相影響的作用必然成立。反之，不幸也會感染。

我們可以從電影或媒體設計的鏡頭，體驗幸福的感染力。舉個例子，當我們從電視上看到運動員贏得大獎，開心不已，即便跟我們沒什麼關係，我們也會深受感動。我永遠不會忘記一九九八年世界盃足球總決賽之後，整個法國歡天喜地，大家在街上與陌生人擁抱慶賀，在那幾個小時之內，社會上的所有隔閡，全都讓共有的歡欣鼓舞吹得無影無蹤。當我們在電視上看見父母欣喜若狂找回失蹤的孩子，重獲自由的人質與分開好幾年的親友緊緊相擁，罹患重病的孩子突然痊癒了，種種情景也會讓我們感動萬分，有時甚至落下眼淚。

不過也有人覺得他人的幸福冒犯了自己，尤其是和自己處於對立狀態的人。所以有的時候，當看見自己的職場對手或情場競爭者遭受考驗或失敗，有些人會很高興。生物學家認為這種心態其實比我們以為的要更普遍，它構成了演化過程中的適應優勢，因為去除了對手，個體就更容易生存，或是能在團體中獲得更好的地位。佛教把這種對立的想法看作是毒藥，讓自己的幸福仰賴於陷入困境的他人：為他人的失敗而高興，因他人的成功而痛苦。然而安詳自在的關鍵之一在於不去比較，拋棄對立的想法，力圖克服所有的嫉妒心理。最好的矯正方法是學著為他人的幸福感到高興。

世上有這麼多苦難、窮困、折磨以及恐懼，幸福的人一想到此就為自己的美滿感到可恥。然而，自己不了解幸福，對他人的幸福同樣無能為力。我從心底感到擁有幸福是迫切的職責。不過種種幸福在我看來又都卑鄙可憎，因為要獲得它，唯有犧牲他人，剝奪他人，將成果據為己有。

——紀德

眾人的幸福，取決於彼此相關的他人的幸福。因此我們可以把幸福看成是群體的現象。每個幸福的朋友能使我們感到幸福的可能性提高9%，至於每個不快樂的朋友，則會使我們的幸福降低7%。

——克里斯塔吉斯

16

個人的幸福與群體的幸福

Bonheur individuel et bonheur collectif

當人人都在尋求什麼對自己最有利時，
人與人之間就能提供最大的利益[140]。

斯賓諾莎

140 | 斯賓諾莎，《倫理學》，IV，35。

「比起崇高或得救，我們更希望擁有幸福[141]」，卜克內在他的散文評論中，就現代人追求幸福寫下這麼一句。根據他的說法，自啟蒙時代開始，追求人間的幸福取代了宗教尋求的上天堂。伏爾泰在他一七三六年的詩作《俗世之人》（*Le Mondain*），不就說了「我在之處即是人間天堂」。

然而，要是因為西方的不可知論以追求人間幸福取代了天堂的真福，就認為現代發展出的幸福是「西方的價值觀，並在歷史上有其時間點[142]」，這種想法是不正確的。在人間追求幸福是很普遍的概念，而且很早就出現了。甚至比追求死後至福的基督教神學，還要早得多。我們在公元前三世紀的《吉爾伽美什史詩》中，就能找到相同的說法，這篇記載是人類最古老的文字作品之一，揭露了什麼是對不朽的過度追求，推崇以我們可支配的能力在人間尋求幸福。同樣地，古埃及人不僅追求死後、也追求人間的幸福。關於世俗幸福的這個概念，在希伯來文的《聖經》中能找到清楚的例證。

我在本書裡表現出對個人與人世幸福的追求，也同樣出現在古代哲學

141 ｜ 卜克內，《幸福書，追求生命中的永恆喜悅》，已錄，p.45。
142 ｜ 同上，p.18。

家，如亞里斯多德、伊比鳩魯，尤其是斯多噶學派的思想中。此外它也存在於偉大的亞洲文明中，不論是印度還是中國，而且它正是佛教教義的本質。

總之，就算卜克內指出現代世界出現了決裂，這個看法正確，但他似乎忘了，基督世界到來的時候，就已經和大部分宣揚個人與人世幸福的古智者產生了決裂。現代人以自我修練尋求改善，確實取代了基督徒藉由禁欲與神恩對聖潔的尋求，但它同時也跨越了過去兩千年的基督教義，再度與古代學者的智慧結合，也與東方智慧有了交集。如果現代和古代對幸福的追求有什麼不同，並不在於此處此刻追求的個人幸福，而是將個人與群體的福利區分開來。

古代的智者認為獨自的幸福並不存在，東方的智慧也有相同的看法。古希臘人設想的公眾和諧，其地位要高於個人的身心平衡，他們無法想像人能夠在不積極謀求城邦福利的情形下感到快樂。斯多噶學派將智者的幸福與他的承諾和公民責任結合在一起。他以這樣的精神，投入心力維護世界的秩序。

柏拉圖、亞里斯多德、孔子或佛陀所宣揚的個人幸福，都是以看待群體的眼光來設想的，個人無法與團體、城邦或共同體切割。一方面是因為心靈生活——或說哲學——以共同努力、傳承、互助為前提，並且主要是在團體中進行，例如佛教裡的僧寶（Sangha）、斯多噶學派的靈性指導、伊比鳩魯學派的友誼。另一方面則因為視群體福利高於個人幸福，人人都必須為城邦的利益努力——希臘人尤其看重這一點。亞里斯多德說得很清楚：「即使能分辨個人與城邦各自的利益，但理解並維護城邦的利益，卻是更重要也更理想的職責[143]。」

十八世紀的哲學家和法國早期共和政體的締造者，擁有完全相同的觀點。個人的幸福，不論是由歌頌啟蒙運動的人士所指出，或是出現在美國獨立宣言中，都囊括在群體幸福這個更廣泛的計畫裡。改善個人身心愉悅與改善社會境況，並行不悖。人類社會能藉由從事理性、科學、教育與

143 ｜ 亞里斯多德，《尼各馬科倫理學》，I，1。

法律的訓練而獲得進步，十八和十九世紀正是受到這個了不起的信念所驅使。當時，個體在尋求自身幸福、擺脫束縛的同時，仍然伴隨著共和主義那自由、平等、博愛的偉大理想，人人都嚮往更美好的世界，雖然部分國家因狹隘的利益與擴張主義的意圖，導致二十世紀發生一連串可怕的衝突[144]。不過涉及群體的偉大理想並沒有因此而消失，第二次世界大戰剛結束，改造世界的意願仍然鼓舞著數以億計的個體。共產黨人相信理想社會之可行，為了它的到來而戰鬥。社會主義的基督徒，自史懷哲醫生至皮耶神父（abbé Pierre）[145]，為改善眾人的處境而奮鬥，此外還有「反文化」的嬉皮揮舞著「和平與愛」的旗幟。

一九六〇年代末，大眾消費與社會觀念的改革，標記出深刻的轉捩點。社會苦於消費者權益日益加劇，個人自由在這樣的氛圍中快速擴張。個體越來越關注自我以及滿足自身欲望，把大部分心力用來提高自己的物質享受，使自己的社會成就盡善盡美。這種新型態個人主義的發展，造成了極大的阻斷：個人幸福與大眾幸福的連結，在今天的現代社會破裂了，

144 | 這裡我從自己另一本書《世界的療癒》（*La Guérison du monde*，Fayard，2012）的幾頁中，整理出關於三段個人主義革命的內容。

145 | 譯註：皮耶神父（abbé Pierre，1912-2007），法國天主教神父。

尤其是在法國。

利波維茨基（Gilles Lipovetsky）[146]在著作《空虛的年代[147]》，就第二次個人主義的革命作了出色的分析。由於現代性的到來，產生了第一次個人主義革命，但是個體仍然沉浸在偉大的群體理想中，強烈關懷公眾事務，可是當代的個人主義已淪為自戀。每個人只關心自身立即的快樂、個人的成就，只捍衛自己的利益。自我中心主義、對他人與世界的冷漠，成了很多人眼中的正常狀態。

我們可以看到韋勒貝克（Michel Houellebecq）[148]的小說，對這種自戀型個人主義作出很好的描繪，書中人物麻木不仁、自私、受挫、憤世嫉俗，追隨毫無喜悅可言的快感，表現出看破一切的自戀。這類型的個人主義也許會把「身後之事與我何干」當作口號。然而，就算我們總是想擁有更多，也能意識到唯利是圖的邏輯有其限制和危害，並且已經掌控了世界，同時，又認定「為公眾努力」並不能改變什麼；這些要命的理由支配了我們，讓我們不知所措，於是面對恐懼與無能為力，我們唯一能做的就

146 | 譯註：利波維茨基（Gilles Lipovetsky，1944-），法國作家、哲學教授。

147 | 利波維茨基，《空虛的年代》（*L'Ere du vide*），Gallimard，1983。

148 | 譯註：韋勒貝克（Michel Houellebecq，1956-），法國作家、詩人、導演，作品多探討虛無。

是讓自己處於某種被動的虛無之中，任由欲望所驅使。當代人面對的這個局面，可說是前所未見。

雖然上述行為仍然屬於主流，但十幾年來，我們也開啟了另一個現象，我稱它為「第三次個人主義革命」。一九九〇年代末到二〇〇〇年代初，確實有些東西開始在改變，這些變化同時出現在好幾個方面，自我成長的快速發展與普遍化，以哲學或東方文化的精神作為智慧的來源，還有反全球化運動與社會論壇的出現，環保意識的發展，開創出許多以全球為規模的互助組織，像是微型貸款（Microcrédit）、互助金融（finance solidaire），還有較近期的憤怒者運動（mouvement des Indignés）。這些運動，不論是透過自我修練與對存在的提問，重新為個人生命賦予意義，還是經由偉大的群體理想再現，為群體生命提供意義，在在揭露了為生命賦予意義的必要性。

上述兩種追求經常呈現緊密的關聯。修練自我心理或心靈的人士，通常對環保議題也很敏銳，或是投入人道救援組織、參與公民活動等等。

認為政治或人道主義活躍份子絕不關注心靈的範疇，甚至以為新時代運動（New Age）的冥想者只想改善自己的業力（karma），作出這種區分的年代已經過去一大半了。許多人視心靈和地球為要務，關注自我與世界，兩者息息相關。當然這個趨勢目前尚未普及。自戀的個人主義以及著重消費的意識型態，在西方仍然占有一席之地。不過出現在世界各地的「微弱信號」，在毀滅性邏輯之外，形成了另一種合理的選擇；它們顯示出尋求個人幸福不是非得脫離對居住地的關懷，不去關心公眾的利益。

兩者確實能夠並存。我們在上一章看到個人的幸福具有感染力。英國的功利主義思想家鼓吹「最多數人的最大幸福」（邊沁[149]），同時也強調一項事實，那就是生活在財物和人身安全沒有保障的危險世界，沒有人能獲得持久的幸福。唯有處在眾人都感到愉悅的社會才有可能幸福。因此每個人的福利，存在於大家的幸福中[150]。

149｜譯註：邊沁（Jeremy Bentham，1748-1832），英國哲學家、法學家，功利主義的先驅。

150｜約翰·斯圖爾特·米爾（John Stuart Mill），《功利主義》，Flammarion，coll.《Champs》，2008，第二章。

比起崇高或得救，我們更希望擁有幸福。

——卜克內

我所在之處即是人間天堂。

——伏爾泰

即使能分辨個人與城邦各自的利益，但理解並維護城邦的利益，卻是更重要也更理想的職責。

——亞里斯多德

唯有處在眾人都感到愉悅的社會才有可能幸福。因此每個人的福利，存在於大家的幸福中。

——米爾

17

尋求幸福會讓人痛苦嗎？

La quête du bonheur peut-elle rendre malheureux ?

世上只有一項義務：
讓自己幸福[151]。

狄德羅[152]

151 | 狄德羅，《生理學基本概念》（LEW., XIII）。
152 | 譯註：狄德羅（Denis Diderot，1713-1784），啟蒙時代的法國作家、哲學家。

卜克內指出，自第二次世界大戰結束以來，對幸福的追求逐漸變成強制的規定，以致於當今社會充斥著「幸福的迫切性」，他還進一步揭露這個現象如何產生，很有說服力。獲得幸福的「權利」變成了「義務」，反而成了負擔。現代人遭到「判刑」要幸福，「如果無法成功只能怪自己。〔…〕我們應該成為有史以來第一個因為不能幸福而痛苦的社會。〔…〕基督信仰誇大了靈魂得救與墮入地獄，世俗社會則誇大了成就與失敗[153]」。

其實，要幸福的執念通常會給幸福帶來阻礙。首先因為市場主導型社會，用許多有關幸福的虛偽承諾來引誘我們，與這些承諾相連的是商品消費、外貌、社會成就。屈服於這些誘惑的人，常常從欲望得到滿足的境界，轉而追尋新的不滿足的欲望，因此就會不斷感到挫敗。其次因為當代的尋求幸福，通常以巨大的苦行為代價。幸福，就像以前的靈魂得救，需要付出心力。

德國社會學家韋伯（Max Waber）曾指出，宗教改革「將禁欲主義與生活秩序從修道院裡放出來，要讓它們在世俗生活得到實踐[154]」。從此，

153 ｜ 卜克內，《幸福書．追求生命中的永恆喜悅》，已錄，p.59, 86, 93。
154 ｜ 韋伯，《新教倫理與資本主義精神》，II，1。

神聖的事物以世俗的語法加以記載：修道士為了確保靈魂得救而遵守的紀律，逐漸變成另一種形式的束縛，成為每個人為取得幸福都必須承擔的義務。商人的苦行使他為了致富日夜工作，這是韋伯描述的清教徒資本主義企業家，具有非常現代性的表現。這種苦行也體現在馬拉松跑者的身上，還有健身房裡勤奮的會員，以及所有高水準的運動員身上（更何況體能鍛練很多時候看起來就像古人各種心靈鍛練的現代版）。此外也有身為父母的苦行，他們周旋在費力的工作、孩子、嗜好，以及朋友之間，因為所有事都想做，最後就累得精疲力盡。

美國一些研究指出一項明顯的事實，就是痛苦的產生經常是因為我們給自己定下太高的目標，永遠也無法達成……只因為我們想要非常幸福！這些研究證實了法國學者安漢貝（Alain Ehrenberg）[155]所說的「活出自我的疲憊」。安漢貝交叉探討了精神病學的歷史與生活方式社會學，他表示現今許多影響西方人的憂鬱症類型（慢性疲勞、失眠、焦慮、壓力、猶豫不決……），是為了達成握有自主性與完成自我的雙重命令所必須付出的代價。

155 ｜ 譯註：安漢貝（Alain Ehrenberg，1950-），法國社會學家。

憂鬱症是名副其實的「責任病」，個人雖然從宗教與社會的控制中解放出來，卻必須回應現代生活自我實現的迫切需要。社會學家寫道：「一八〇〇年，病態的人表現出的問題為極端的精神錯亂與妄想。至於一九〇〇年，問題隨著進退兩難的罪惡感而有所改變，兩難在於人嘗試解放自我，但又因此神經緊張，這樣的困境帶給他痛苦。到了二〇〇〇年，人的各種病症則是個體擔負責任的病症，因為他擺脫了祖先的律法，以及過往講究服從、講究符合外界規定的體制。如今這至高無上的個體，他的正面與反面就是憂鬱症與成癮症[156]。」這段貼切的分析告訴我們，幸福的現代強制令足以令人痛苦。

是否因此就該停止追求幸福？為了擁有幸福，正確的態度是否就是不去等待，既不期盼也不存希望？就讓生活去主導，自己既不定下目標，也不遵循任何理想？當然，就算我們永遠不去思考幸福這個議題，也還是能幸福，而且有時候就因為對它提出疑問，而讓生命變得複雜起來。我的巴西友人就跟我說，她日子過得向來無憂無慮，也對自己的生活感到滿意，

156｜安漢貝，《活出自我的疲憊》（*La Fatigue d'être soi*），Odile Jacob，1998，p.292。

可是有一天，一個移居法國的朋友問她：「妳幸福嗎？」我朋友的結論是：「以前我從來沒有想過這問題，但突然被人這麼一問，我竟失去了生活的喜悅，煩惱不已！」

同時，正如英國哲學家休謨（David Hume）[157]所說，「人類所有辛勤活動的最後休止符是獲得幸福。以它為目的，創造出藝術，發展出科學，整理出法律，愛國人士與立法成員則以最深的智慧塑造社會[158]」。整個歷史起始於夢想甚或空想，再由每個個人與社會加以實現。這是因為人類已經期待更美好的生活到來，為了達成目標付出一切努力，使得人性獲得重要的進展。個人的生活也是如此：因為我們想要進步，變得更幸福，所以生活才能獲得改善，並帶給我們越來越多的滿足感。

對幸福的執念，或是追求太過完美的幸福，可能會產生相反的結果。所以獲得幸福的方法在於不要給自己定下過高、難以完成、無法忍受的目標。最好是逐漸提升目標，分階段來完成，堅持但不惱怒，而且偶爾還要知道放手，要接受生命中的失敗與風險。蒙田和中國道家的哲人很清楚這

157 ｜ 譯註：休謨（David Hume，1711-1776），英國哲學家、經濟學家、歷史學家。

158 ｜ 休謨，《論斯多噶學派》，1742。

一點，他們說：讓注意力自然發生；順其自然；適時而動與無為。總之，期盼幸福，追求幸福，同時保持靈活和耐心，不過度期待，也不要動怒，始終懷著開放的心胸與精神。

人類所有辛勤活動的最後休止符是獲得幸福。以它為目的，創造出藝術，發展出科學，整理出法律，愛國人士與立法成員則以最深的智慧塑造社會。

——休謨

期盼幸福，追求幸福，同時保持靈活和耐心，不過度期待，也不要動怒，始終懷著開放的心胸與精神。

——本書作者　勒諾瓦

18

從欲望到厭煩：
不可能的幸福

Du désir à l’ennui :
le bonheur impossible

於是生命有如鐘擺，左右搖盪，
從痛苦到厭煩[159]。

叔本華

159 | 叔本華，《作為意志和表象的世界》，IV，57。

物競天擇的目的是物種的生存，不是個人的幸福。我們為了適應與活下去發展出三種能力，卻也為個人的幸福造成許多障礙：

習慣性屬於適應的才能，讓人可以容忍辛苦又重複的事。不過它也代表兩項缺點：我們可以習慣了某種痛苦而不再追求快樂；或正相反，我們習慣了愉悅的感受而意識不到自己的幸福。

這個現象會因為下述事實而變得明顯：為了充分避免危險，我們會更容易意識到**負面**事件而不是正面事件。我們的大腦天生是要找出問題加以思考，而不是停留在正面的事件上。

最後是**不滿足**，讓我們總是在追求更好和更多，因此人類才會不斷想要改善自己的命運。然而，當我們持續表現出不滿足時，這個適應性的優點極有可能為幸福帶來障礙。

讓我們專注在最後這一點，無疑也是最重要的部分，它引起所有哲學家的注意，讓他們思考何謂幸福。需求到手或達成欲望能帶給我們真實的滿足感：肚子餓了，我很開心能吃東西；小孩想要玩具，有了它就很滿足；上班族獲得期待已久的晉升快樂得不得了……不過這些滿足持續不了多久，因為很快就會出現新的願望。

「只要渴望的東西距離我們還很遙遠，我們就會覺得它的地位高於一切；一旦得到它，我們就想要別的東西，生命中這樣的渴望讓我們不得安寧」，羅馬哲學家盧克萊修（Lucrèce）[160]繼伊比鳩魯之後，確切指出了這一點[161]。人類的永不滿足讓他從這個欲望追趕到下一個欲望。於是我們可以效法康德，指認真正的幸福，也就是深刻、持久且全面的幸福，是在滿足所有的欲望與渴望之時：「幸福就是滿足我們的一切愛好，其範圍包含了伸展的寬度，也就是數量，還包含了強度，也就是不同的等級，以及對未來的預期，也就是時間的長度[162]。」然而這種幸福當然不存在，於是康德作了合理的結論，表示人間的幸福遙不可及。不過我們已經知道，他和柏拉圖一樣把幸福放置在另外一個世界。對這些崇高而正直的靈魂而言，真正的幸福就是要讓人在世間期望的；千萬不要追求它，但要以品德高尚的行

160｜譯註：盧克萊修（Lucrèce），公元前一世紀的羅馬哲學家。

161｜盧克萊修，《物性論》，III，1083-1084。

162｜康德，《純粹理性批判》，第二卷，第二章，第二段。

動或聖潔的生活，讓自己配得上它。

叔本華帶著和康德一樣的懷疑態度面對人間的幸福：「沒有什麼願望能在滿足之後帶來持久不變的喜悅。就像施捨了什麼給乞丐，今天救了他一命，只是把悲慘延到明天。只要我們的意識充滿願望，只要我們服從欲望的驅動，懷著不斷出現的希望與擔憂，只要我們受到意志的支配，那麼我們就沒有長久的幸福和安寧可言[163]。」不過和康德不同的是，叔本華不相信在另一個世界有恆久的幸福生活。這位哲學家還表現出更強烈的悲觀，他認為要是我們滿足了所有的欲望，就算結果還過得去，我們也會感到厭煩！欲望帶來的折磨令我們痛苦，滿足之後的平靜則讓我們厭倦：「於是生命有如鐘擺，左右搖盪，從痛苦到厭煩[164]。」他認為幸福是不可企及的終點，只能以不完全的方式在富創造力的活動中品嘗，於是藝術家就得不斷產生新的點子。幸福最終只能以否定的態度加以體會，他的結論是：滿足或高興，不過是痛苦或匱乏的告一段落。叔本華分享切身經驗：「我們不再追求幸福快樂，只關注盡量避免痛苦折磨。〔⋯〕我們看出來這世上最

163｜叔本華，《作為意志和表象的世界》，IV，38。

164｜同上，IV，57。

好的事，就是找到沒有痛苦的一刻，讓我們能平靜地忍受它[165]。」

對於很多現代思想家來說，幸福的定義僅止於此：兩段痛苦之間的片刻喘息。佛洛伊德甚至說：「大家所謂的幸福，狹義上來說，來自於造成高壓的需求突然得到滿足，而且從它的本質來看，只能表現成偶發的現象[166]。」

實際上，康德、叔本華或佛洛伊德對幸福所下的定義，仍然符合「自我」的運行模式，也就是要讓世界屈服於我們的欲望。由此產生了幸福虛幻的性質。不過，這個定義輕視了心靈的能力，它為了讓我們去想「那是什麼」，所以會脫離上述的運行模式。因為脫離窠臼而明亮的心靈，鼓動意志力去喜愛生命本來的模樣，而不是我們希望它表現出的樣子。而這正是東西方智慧所面對的超凡挑戰。

165｜叔本華，《獲得幸福的 50 條生活規則》，已錄，第 32 條生活規則，

166｜佛洛伊德，《文明及其不滿》，已錄。

只要渴望的東西距離我們還很遙遠，我們就會覺得它的地位高於一切；一旦得到它，我們就想要別的東西，生命中這樣的渴望讓我們不得安寧。

——盧克萊修

幸福就是滿足我們的一切愛好，其範圍包含了伸展的寬度，也就是數量，還包含了強度，也就是不同的等級，以及對未來的預期，也就是時間的長度。

——康德

沒有什麼願望能在滿足之後帶來持久不變的喜悅。就像施捨了什麼給乞丐，今天救了他一命，只是把悲慘延到明天。只要我們的意識充滿願望，只要我們服從欲望的驅動，懷著不斷出現的希望與擔憂，只要我們受到意志的支配，那麼我們就沒有長久的幸福和安寧可言。

——叔本華

我們不再追求幸福快樂，只關注盡量避免痛苦折磨。〔…〕我們看出來這世上最好的事，就是找到沒有痛苦的一刻，讓我們能平靜地忍受它。

——叔本華

大家所謂的幸福，狹義上來說，來自於造成高壓的需求突然得到滿足，而且從它的本質來看，只能表現成偶發的現象。

——佛洛伊德

19

佛陀與愛比克泰德的微笑

Le sourire du Bouddha et d'Épictète

讓人飽受煎熬的不是真相，
而是令他擔憂的那些想法[167]。

愛比克泰德

不是事物綁住了你，
而是你對事物有所依戀。

帝洛巴[168]

167 | 愛比克泰德，《手冊》，已錄。
168 | 帝洛巴（Tilopa）是九世紀的佛教智者。

不論在印度或希臘，不少智者都表示，他們在人類力圖讓世界適合一己之欲的絕境中，找到了出路。怎麼說呢，智者把上述議題的方向顛倒過來，讓自己的欲望去適應這個世界，目的是為了掌控欲望，限制它們，甚至消除它們，以便符合現實的狀況。這麼一來，不論外界突然發生什麼事，甚至是影響到他，他都能對自己的生活感到滿意。

換句話說，智者的幸福不再仰賴來自世界的各種偶然未定事件，那些在他看來都是身外之物（健康、財富、榮譽、認可等等），他只重視內在世界的和諧。他幸福是因為他知道如何找到自身的平靜。與其意圖改變世界，智者集中心力改變自己。他的幸福是內在的（immanent），是本性的產物：他在呈現本來樣貌的人世中，在自身最私密的內心世界中，實現自我。

經由這項反轉，幸福就成為可能。阻礙幸福的不是現實，而是我們從中接收的表象。相同的事實可以讓兩個人有不同的看法：一個感到慶幸，另一個覺得不幸。有人可以把生重病看成是命運可怕的打擊，而另一個人卻藉由病痛看到質問自己的機會，改變生活中的這件或那件事，並不因此就失去內心的平靜。

面臨他人的攻擊，有些人會心懷怨恨，想要報復，有人卻不會這麼覺得：「我能消滅多少壞人？他們的數目就和空間一樣無止境。可是如果我消滅了怨恨的心，我所有的敵人也會同時消滅」，這段話出自佛教思想家寂天菩薩[169]的《入菩薩行論》。斯多噶學派的智者愛比克泰德也有同樣的說法：「還記得是什麼傷害了你？並不是別人侮辱你或打你，而是你認為有人在傷害你。所以，如果某人讓你生氣，要知道是你自己的評斷該為你的怒氣負責[170]。」

佛教與斯多噶這兩派思想之間有那麼多的相似點，一直讓我很驚訝。不過最近，蒙田和道家智者老子和莊子之間的相似處也令我感到好奇，他們的想法更有彈性，更貼近人性，還有斯賓諾莎和現代印度智者阿南達瑪依．瑪（Mâ Anandamayî）[171]對《不二論》（*Advaita Vedanta*）的體驗，兩者都具有愉快的屬性，以及非二元論的思想。

169 | 譯註：寂天菩薩，八世紀初印度學者。

170 | 愛比克泰德，《手冊》，見上。

171 | 譯註：阿南達瑪依．瑪（Mâ Anandamayî，1896-1982），印度教徒視她為 20 世紀偉大的印度聖人。

欲望蛻變、順服生命、愉快地釋放自我，這三條重要的智慧大道，不論在東方或西方都能找到，我要在這一章與隨後的兩章加以討論，對現代人悲觀的態度作出回應。如何才能獲得智慧所應允的深刻幸福呢？佛教思想與斯多噶學派建議的首要途徑，無疑也是最徹底的方法：藉由排除渴望與眷戀，直接進攻問題的根源。

斯多噶學派的智慧誕生於雅典，處於政治與宗教危機的環境，和目前歐洲所面臨的狀況不無相似之處。亞歷山大大帝的征戰為希臘各城邦造成重大衝擊，它們失去了昔日面對其他地域的優越感，同時批判性的思維大幅增長，使得傳統宗教失去了威信。這時新的宗教語言就有了它的必需性，它得更符合理性的進展，因此就出現了好幾種哲學學派，有的學派思想撇開了擬人化的諸多神祇（伊比鳩魯），也有學派使用理性容易接受的單一上帝形象代替複數神祇（亞里斯多德），或是以泛神與出自本性的觀念，辨識宇宙超自然的力量。最後這個看法就出於斯多噶學派。

這個新學派的名稱來自希臘文的 stoa ── 杜廊，在杜廊之下傳道的是學派的創始人，季蒂昂的芝諾（Zénon de Kition，公元前三三五-公元前二六四）。芝諾原本只是塞普勒斯商人，後來竟成了「斯多噶學人」（stoïcien），意指「杜廊之人」。他脫離了柏拉圖和亞里斯多德的教導，轉為接觸蘇格拉底學派，意圖是把哲學帶給普羅大眾。因為他不是希臘本地人，遭到知識界菁英的輕視，但他運用語言的力量和簡樸的生活方式，很快便打動了一般民眾。他以所有人為對象，包括城邦的居民、奴隸，男男女女，不論是希臘人還是外僑、有學問的還是文盲，建立的學院影響了整個希臘與羅馬世界超過七百年之久。

斯多噶學說的要義，由芝諾的主要弟子克里西波斯（Chrysippe）[172]，錄寫於公元前三世紀中期。那麼此一學說的重點為何呢?

第一個要點即是，世界**一體**（此一整體同時包含了物質、精神、神性），可以將它設想為龐大的生命體，它會回應自然法則，並且與自然充滿聯繫（現在我們會說是連結）。第二點，世界是理性的：神性的 logos

172 | 譯註：克里西波斯（Chrysippe，約公元前 280- 公元前 206），奠定斯多噶學派的第二位哲學家。

（邏各斯／理性）是整個世界的基礎，每個人因自身的logos而同時具有宇宙的logos。第三點，存在這世上的法則既屬於永恆的必然事物，也含有宇宙的因果關係，法則決定每個個體的命運。最後，第四點指出了世界的善性：萬事萬物的降生，都是為了每個生命體的最大好處（考慮到宇宙與生命奇妙的複雜性），即使我們沒有意識到這一點，而且在生活中感到明顯的苦惱，善性依然存在。從這種世界觀就導引出，人的幸福在於接受原來的樣子，以融入宇宙秩序為生活態度。

愛比克泰德於公元一世紀時住在羅馬。他和塞內卡及馬可・奧勒利烏斯（Marc Aurèle）[173]，無疑都是推廣斯多噶思想智慧的最佳人士；愛比克泰德也是完美哲人的典範，在世時受到廣大弟子的尊敬。他曾經身為奴隸，後來成為哲學家，瘸腿，衣著樸素，住處極為簡陋，將超脫的哲學傳授給身分地位迥異的男男女女。由於圖密善（Domitien）[174]頒布了對所有哲學家懷有敵意的敕令，愛比克泰德於四十歲時被趕出義大利，避居於尼科波利斯（Nicopolis）[175]，並在那兒建立學院。他跟蘇格拉底、耶穌以及佛祖一

173｜譯註：馬可・奧勒利烏斯（Marc Aurèle，121-180），羅馬皇帝、斯多噶學派哲學家。

174｜譯註：圖密善（Domitien，51-96），羅馬皇帝。

175｜譯註：尼科波利斯（Nicopolis），希臘城邦，又名「勝利的城邦」，位於希臘西北安布拉基亞灣（Ambracian Gulf）出海口附近。

樣，都決定不要留下自己的著作。不過他的弟子阿利安（Arrien）[176]把他的教誨綜述在幾本《語錄》（*Entretiens*）中，之後更將內容精簡成小小的《手冊》（*Manuel*），展現出斯多噶哲學的精華：辨識何者取決於自我、什麼是我們力所能及的、什麼又是我們無能為力的，藉此來掌控自我，承受逆境。

愛比克泰德舉兩個強有力的例子，讓我們能更了解其中哲理。首先是一條綁在雙輪馬車旁的狗。就算狗兒反抗，但拉車的馬兒更強壯，狗還是得被迫跟著車子走，想要免除無法避免之事而付出的努力，只會使牠痛苦不堪。然而，牠若是接受現況，讓自己的動作符合馬車的速度，就能安全抵達目的地，既不疲倦也不痛苦。對人來說也是如此，他的意志力必須和命運的必然性合而為一。要我們就無法作主的事做出選擇，並不屬於我們的權利（諸如身體、身外之物、榮譽等等），但接受現實的真相，改變力所能及的事，確實是我們的責任，像是意見、欲望與憎惡。

為了幫助大家更加了解，愛比克泰德還用了演員的形象：演員無法選擇自己的角色，要扮演乞丐或是貴族，還是患有疾病或身體健康等等，也

176 | 譯註：阿利安（Arrien），生於公元85年前後，歿於公元146-160年之間，希臘史學家、哲學家。

不能決定一齣戲的長短，但他的詮釋方式卻是完全自由：演得好或不好；角色合適就開開心心地演，不喜歡角色就有所保留或心懷厭惡。「不要期待事情會像你所希望的那樣發生；下定決心接受發生在你身上的事，你就會感到幸福[177]」，這是哲學家的結論。

此外還引用了許多其他的例子，說明外界事物讓我們不開心或心神不寧時該有的態度：「不論你發生了什麼事，記住要回到自己的本心，找到自己的能力面對它。你看到俊男美女？就要克制自己的欲望。你覺得痛苦？就要堅持下去。有人侮辱你？就要忍耐。持續這樣鍛練自己，你就不會再是各種表象的玩物[178]。」

斯多噶學派的智慧認為欲望會影響心靈，抑制心靈：欲望是心靈的「衝動」。斯多噶學派用受到理智驅使的意志力代替欲望，把盲目的欲望轉變成意志堅強、經過深思熟慮的行動。出於本能的欲望完全逸樂取向，不能為清晰理性的意志力帶來益處，而後者卻能令人幸福，因為明智的意志只能孕育出合乎道德的行為，並去除足以攪擾心靈平靜的欲望。也就是說

177｜同上，p.18。
178｜同上，p.19。

斯多噶學說是**唯意志論**的哲學，要求完美的掌控自我。確切來說，斯多噶學派並不主張消除欲望，而是把它轉化成服從理性的意志力。

斯多噶學派的智慧，力求達到兩個目標，就是心靈的平靜（ataraxia）與內心的自由（autarkeia）。後者我們已經提過了，在於使我們的意志力符合宇宙的秩序：當我希望事物依循它的必要性而發生時，我是自由的。這麼一來我就不會再有怨言，不至於掙扎，不再感到憤恨，相反地，我會為一切開心，不論處在什麼情況都能保持內心平靜。

為了能夠更好地達到目的，斯多噶學派的思想家從心理出發，以了不起的敏感觀察，分析出數量眾多的人類情緒。他們總共列舉了七十六種情緒，其中分為三十一種欲望（包含六種憤怒）、二十六種悲傷、十三種恐懼和六種喜悅。不過最重要的是，他們還會進行好幾種靈修活動，最著名的就是警覺（prosoché）：隨時保持關注，能夠在外界事件發生或內心情緒湧現的當時，立即採取適當的態度。

「活在當下」是斯多噶學派在實踐的道路上最主要的箴言之一，教導人們不以任何方式逃到過去，躲向未來，驅除所有恐懼一如驅除所有希望，與其讓自己被想像力所引起的害怕、焦慮、憤怒、悲傷或欲望所淹沒，還不如把注意力集中在眼前，在當下的這一刻，一切都是可以接受和轉變的。

還有另一個重要的練習，但它在某種意義上，與上一種方式似乎互相矛盾，那就是預先想到會有令人不快的事發生（praemeditation malorum，西塞羅[179]如是說），想像未來可能發生讓人討厭的事，好在該事件真的發生時，就能經由思考預先「緩和」狀況，準備好最恰當的應對態度。

斯多噶學派也主張每天審查意識，主要是為了檢視每一天獲得的進步並沉思一番。這種作法基本上是用來「反芻」，熟記學說的內容，才不至於在惱人的事件或心神不寧的情況出現時，措手不及。由於這個原因，晚期的斯多噶學派追隨者（約是羅馬帝國時期）對學說的所有理論基礎都不太感興趣，反而比較看重對生活有幫助的**實用建議**，而且弟子們會再三複誦，毫不懈怠。於是，羅馬時期的斯多噶學說充滿各種教學手冊、名言

179｜譯註：西塞羅（Cicéron，公元前106-公元前43），古羅馬政治人物、作家。

錄，各種對話、書信或是格言，提出簡短而強烈的警句，給予初學者力量。不論是愛比克泰德的**手冊**或**語錄**、西塞羅或塞內卡的**書信集**，還是馬可・奧勒利烏斯的**箴言錄**，這些文句讓人再三傳頌，因為它們的表現方式不同於斯多噶學說的理論框架，容易理解並加以運用。從教會的神父、蒙田、笛卡兒、斯賓諾莎，直到叔本華，斯多噶學派的格言始終滋養著西方的基督教義和哲學傳統。

不過在斯多噶學派產生的幾個世紀以前，在印度也出現了這麼一派思想，擁有和它幾乎相同的言論，那就是佛教教義。在進一步審視這兩個重要思想具有哪些驚人的相似處之前，我們先來看看佛教的基本教義，以及它如何看待幸福這個議題。

悉達多・喬達摩[180]生於公元前六世紀，年輕時生活優渥，父親是印度北方一個小氏族的首領。悉達多已婚、有一個孩子，三十歲左右時在偶然情況下看到老人、病人、屍體與苦行者，從此徹底改變了他的人生。他頓

180 | 譯註：悉達多・喬達摩，約公元前六 - 公元前五世紀，後世稱為釋迦牟尼。

時了解痛苦是人類共同的命運，無論貧富，沒有人能避免。於是他離開父親的宮殿，拋棄了家庭，踏上了能讓他遠離痛苦的求道之路。他在森林裡流浪五年後，投身於極端的苦行中，最後坐在菩提樹下進行深刻的冥想。根據佛經的記載，他就此悟道，完全理解事物的本性，內心也獲得解放。隨後他來到貝拿勒斯[181]的鹿野苑，和五位昔日的苦修同伴重逢，向他們進行了長時間的說法，也就是著名的「初轉法輪」，陳述其學說的精髓。

他的學說立基於四個簡潔的句子（四聖諦[182]），以 *dhukka* 為出發點，這個字譯作「苦」，但不應該理解為接受一時的痛苦，而是領受到持久的不幸與我們脆弱的內心有關，它讓我們容易受到所有不愉快的外在事件所感染和打擊，如病、窮、老、死。那麼佛陀到底說了什麼呢？祂說生命就是 *dhukka*。*Dhukka* 的起源是渴望，包含欲望／眷戀的意思。有個方法能夠去除此一渴望，也就是去除 *dhukka*；這個方法就是八正道。以上這些陳述在佛教不同的流派中，構成了各派教義的共同基礎，每一條陳述都值得稍作解釋。

181 ｜ 譯註：Bénarès，亦作瓦拉納西（Varanasi），位於印度北方，恆河左岸的城市。
182 ｜ 譯註：即苦諦、集諦、滅諦、道諦。

第一諦「苦諦」是對不滿足的確認。佛陀以七項體驗陳述這個病症：出生是苦、老邁是苦、死亡是苦、與自己不愛的相連是苦、與自己所愛的分離是苦、不知道自己想要什麼是苦、對五蘊的眷戀是苦[183]。換句話說，苦，無所不在。想要認出不滿足的原始要素，就要承認我們無法讓世界屈服在自己的欲望之下。這清楚而客觀的認知是邁向正道的第一步。

第二諦「集諦」是對苦的起因作出診斷。也就是佛陀所說的貪、欲望、渴求不足、人墮入輪迴，輪迴是死亡與再生的無止盡循環，仰賴因果關係的共同定律：業（每個行動都會產生某個結果）；宇宙受此定律所支配。

第三諦「滅諦」表示痊癒是有可能的。為了完全終止無盡的渴求，人可以拋棄欲望／眷戀的束縛，獲得自由。

第四諦「道諦」則提供治療的方法：「八正道」，引領我們通往痛苦的終點，也就是涅槃（絕對幸福的境界，與認清事物的真實本性和欲望的滅絕密切相關）。八正道的內容是：正見、正思惟、正語、正業、正命、正

183 | 譯註：佛陀說苦，可查《大念處經》，經文中另有「憂、悲、苦惱、絕望是苦」；《雜阿含經》則有第八苦「疾病是苦」。

勤、正念與正定。這八項元素與「三學」相對應：戒、定、慧。佛陀反覆闡述「正」的用語，藉此定義出我們所說的「中道」。這可能是他第一次說法的內容：「身為比丘必須避免兩種極端。哪兩種？耽溺於肉體感官的享樂，這種享樂低下、粗鄙，隸屬塵世而卑劣，會造成不好的後果；沉緬於自我折磨的苦行，令人難以忍受，性質惡劣，也會造成不好的後果。諸位比丘，佛陀不行這兩種極端之事，於是發現了中道，中道給予慧眼、真知，通往寧靜、智慧、領悟以及涅槃。」

要了解如何才能進入最終的智慧，就得充分理解什麼是「我」，也就是產生與累積**業**的原理（造就我們一切行動的因果法則），業參與到**輪迴**之中，後者有可能在這一世或另一世生命的某一天，脫離業而到達涅槃。佛陀把「我」定義為處於運動狀態的混合體，由不斷湧現的五蘊所組成，而五蘊就是：色蘊（形體、物質）、受蘊（感受）、想蘊（知覺）、行蘊（情緒、衝動、意願——心靈的形成），以及識蘊（意識）。和印度教相反的是，佛陀否認永久自性atman的存在，atman，意指「靈魂」，在他看來，只是心理的投射。佛陀宣揚的是anatman，無我的學說。

然而，「我執」（ego）的活動控制了這五蘊，讓我們誤認為具有某個穩定的一致性，以為存有恆常的我。修行佛法正是要讓我們去除這個錯覺，「拋棄我執」，並藉此理解心靈的最終本性：就是純知的光明狀態，不受任何條件的束縛；在大乘佛教的傳統稱為「佛性」。

因此輪迴並不是實相的客觀狀態：世界不是由苦我構成的。我們之所以處在輪迴之中是因為無明，也就是對現實具有錯誤的認知，我們的無明繫於我執和眷戀。認識事物的本性會將心靈從錯誤的認知與負面的情緒之中解放出來。此一解放在於意識到我們真正的本性，是潛伏在我們身上、必須加以實現的佛性。

藉由證悟發現心靈真正的本性，我們就不會再受到我執的驅使，進而獲得穩定、恆久的幸福，因為我執的運作關係到難以滿足的欲望，而後者會產生痛苦。佛教教義使用梵文sukha來指稱幸福，我將它理解為：深刻的平靜與和諧，來自改變後的心靈，因為心靈不再受到生命中各種偶發事件的擺布，不論該事件愉快與否。

如果就此斷定佛教教義指定人們拋棄一切欲望，那也太過簡單化了，這一點也適用於斯多噶學派。需要拋棄的欲望是那種會生出眷戀（來自梵文tanha[184]）的欲望，至於改善自身處境、發展慈悲心與求好的動力（梵文chanda），則屬於高尚的欲望，值得鼓勵。

這兩個東西方智慧之間的共同點多不勝數[185]。兩者都觀察到與痛苦有關的是心靈的騷動、混亂，並提出解決方法以通往真正的幸福，也都近似於內在深刻而愉悅的平靜、心靈的泰然與安寧。他們勸說眾人藉由內在的努力，以及對內在的了解來改變自己，行為要符合正確的道德規範，能在各種極端之間保持生活上的平衡。這兩種學說都對情緒和情感作出非常細膩的分析，也提出許多靈修的方法，目的是要克制一已的衝動，發展出敏銳度與掌握心靈的力量，不要再受到表象的玩弄。

不過它們之間的相似度，並不只限於人的心理與心靈的演變，對世界抱持的哲理也有驚人的共通處。兩者都具有循環的時間觀：宇宙不斷面對

184｜譯註：Tanha，作者將它譯為 attachement。也有人將此梵文譯為「渴愛」、「貪愛」、「貪欲」。

185｜若想深入探討這個議題，我建議各位閱讀 Serge-Christophe Kolm 的概論《幸福與自由，深入佛教與現代性》，PUF，1982。

出生、死亡與再生的循環。兩者的學說也有相同的著眼點，例如：強調萬物的運動與無常（斯多噶學派的論點建立在赫拉克利特的變化理論上，此一學說認為一切都在流動，人不會再次涉入同樣的河水中）；人與世界各有其唯一性，同時人也能體現出宇宙的層面（斯多噶學派認為此一層面是神聖的），而它，構成了人真正的天性，也就是佛陀指出的本性，以及斯多噶學派所說的「邏各斯」（logos）。兩者都相信事物因需要而發生，造成這項事實的法則來自普遍共通的因果關係（karma，業或「命運」）。不過他們也表示藉由靈修，以及對事物作出正確的表述，可以得到自由。最後這一點，也許能讓我們看出什麼是斯多噶學派與佛教之間最顯著的不同：我們已經知道後者否定自我的實體，而前者主張的是個體恆久的原理，即使這個「邏各斯」最終不過是宇宙邏各斯的一小部分，但個體死後，他的邏各斯會和宇宙結合。

西方世界時常譴責佛教教義與斯多噶學說的消極，認為他們專注於個體的變化，對社會的變化不夠注意。其實這種看法很膚淺，不了解這兩個重要的哲學思想，在涉及世界命運這方面，曾經接受過什麼歷史上決定性的影響。這兩個學說拒絕以個體與家庭、氏族、社會、宗教的隸屬關係來區別每個人，而是認為所有人只要修練自己就都能悟道、或是達到ataraxie（寧靜）的境界，因此為道德標準引進了卓越的改革。對這兩個學派而言，真正高尚的不是社會地位，而是德行。適合仰慕與模仿的對象，既不是君主、貴族，也不是祭司、僧侶，而是智者，也就是能夠自制的人。他們指出個體並不只是共同體的運轉零件，並強調每個人都具有同等的尊嚴與相同的本質，建立了跨越文化的宇宙人觀念，帶給世界完全顛覆的眼光來看待社會。

佛教教義根據這種邏輯自然會駁斥種姓制度，但也因此被逐出了印度。至於斯多噶學派，由於表明每個人都具有本體的平等，破壞了希臘思想中對貴族階級的維護，為平等主義和較為近代的基督教普救派（universalisme chrétien）預先做了準備工作。

馬可・奧勒利烏斯寫道：「如果思考的權利為每個人所共有，那麼每個人也都具有理性（邏各斯），藉由理性，我們就是講求道理的生命體。真是如此，我們就具有共同的理智，會指出我們的義務。真是如此，我們也會具有共同的法律精神。真是如此，我們就是公民。真是如此，我們都是共同體的一員，地位相等。真是如此，宇宙幾乎就如同城邦。因為全人類還能成為另外哪個共同體的公民呢[186]？」

斯多噶哲學家是世界主義的創始者，比《世界人權宣言》早了兩千多年，而這份宣言就是在宣告所有人類都是這個世界的公民，也都享有平等的權利。至於東方智慧中的佛教教義，必定最能理解這個訊息，因為他們是同質體。

佛教教義與斯多噶學派之間可觀的相似處以及現代性，說明了為什麼在出現了將近兩千五百年之後，還能引起我們的共鳴。甚至把他們視為對付當今自戀型個人主義最好的解毒劑，因為他們勸導個體追求自由、自律，但不是藉由滿足一己的所有欲望來實現，而是經由根本上完全相反的途徑，必須做到克制自我與超脫。我們鼓吹擁有欲望的自由，但他們卻教

186 ｜ 引用自何維爾（Jean-François Revel）的著作《西方哲學史》，NiL，1994，p.212。

導我們要把自己從欲望中解放出來。這是有益身心的方法，無疑也是最難實踐的方法。斯多噶的哲人明白他們所嚮往的智慧，帶著近乎超出凡人能力的特性，但他們仍堅持追求這個智慧，彷彿那是他們永遠的行為準則。

還記得是什麼傷害了你？並不是別人侮辱你或打你，而是你認為有人在傷害你。所以，如果某人讓你生氣，要知道是你自己的評斷該為你的怒氣負責。

不要期待事情會像你所希望的那樣發生；下定決心接受發生在你身上的事，你就會感到幸福。

——愛比克泰德

20

蒙田與莊子哈哈大笑
Le rire de Montaigne et de Tchouang-tseu

活得適時是我們偉大而輝煌的傑作[187]。

蒙田

獻笑不及排[188]。

莊子

187 | 蒙田，《隨筆集》，III，13。

188 | 莊子，《莊子》，第六篇。譯註：此句意為：真心浮現的笑容不需要任何理由。

佛教教義與斯多噶學派為了獲得智慧所提出的方法，是條艱難的路程。要獲得幸福、內在的平靜、泰然自若，必須去除欲望，或是把欲望轉化為理性的意志，要做到這些可不簡單。而且可能會十分漫長：佛教的傳統教義就說需要好幾世生命才能證悟！我們不太知道自己位於因果循環之路的哪一點，甚至不一定會受到召喚把一生的志願用來獲得終極的智慧，那麼何不考慮另外一條通往幸福的道路，看起來似乎更容易親近。一條更容易實現的道路，更看重生命中單純的愉悅，但不因此而放棄智慧的基本原則，根據這個原則，人應該學習讓自己的欲望符合世界，而不是顛倒過來。

和佛教與斯多噶學派相比，古代有些其他的智者，確實提出了比較不那麼激進的解決方法，會把大多數人類欲望中美好而自然的特性考慮在內。例如之前提過的有節制的享樂之路，宣揚者為亞里斯多德和伊比鳩魯。快樂對人來說是好的，只是需要用理智加以調節：所以至善，也就是幸福，可以近似於感受快樂的穩定狀態。十六世紀的法國作家暨思想家蒙田，也有頗接近的觀點，開闢了歡樂且樸實的智慧之路，能適應每個人的本性，跟中國道家的智者有著驚人的共鳴，尤其是莊子，和老子同為道家哲學的主要創始人。

我們可以用幾句話來概述這門智慧：沒有什麼能比生命更珍貴，而且，要得到幸福，只需要依照自己的本性學會熱愛生命，學會適度而靈活地享受生命。莊子和蒙田還有個共同點，那就是幽默。這兩位懷疑論者會戲弄教條主義人士，喜歡說些不尋常的趣事，揶揄自命不凡的人，也知道如何嘲笑自己以及和自己同類的人。

皮耶・艾肯（Pierre Eyquem）是波爾多批發商的後裔，一五一九年正式以封號「蒙田」成為貴族，城堡與封地繼承自他的祖父。一五三三年，米榭・德・蒙田（Michel de Montaigne）在城堡誕生，並承襲了這個封號。米榭二十一歲的時候，父親皮耶成為波爾多市長。米榭天性活潑討人喜歡，在校學習法律，成為波爾多高等法院的法官，在那兒他認識了拉博埃希（Étienne de La Boétie），是他十分珍視的好友，在他們結識五年之後，他正值盛年的朋友就去世了。蒙田三十二歲時與馮絲娃．德拉沙塞（Françoise de la Chassaigne）結婚，前後生下六個女兒，她們陸續夭折，只有蕾歐諾順利長大。米榭在父親死後，繼承了蒙田的領地與封號。三十八歲時他辭去職位，在城堡中撰寫《隨筆集》，於九年後也就是一五八〇年出版。同年他前往德國與義大利，進行十四個月的旅行，離法的這段期間被選為波爾多市長，為了擔任這個職務而回到法國。雖然獲選連任，但他在一五八五年棄職而去，再度投身於《隨筆集》的續作，直到一五九二年去世為止，得年五十九歲。

他的生命歷程看起來頗為平靜，不過當時的歷史環境格外狂暴而混亂，諸如瘟疫、飢荒、宗教戰爭，都對他的思想造成了強烈的影響。

蒙田讀過大部分古代智者的作品，尤其是斯多噶派的學說，而且還經常引用。不過他也公開表示，覺得自己完全沒辦法遵循那樣的道路，至少在他處於激進的狀態下是不行的。他倒是很仰慕蘇格拉底，但只是為了表明自己應該會毫不猶豫地逃跑，而不是服從不公正的法律讓自己被判死刑：「就算〔法律〕只威脅到我的指尖，我恐怕也會馬上走人追隨別的法律，去哪兒都行[189]。」蒙田認為智者絕對值得欽佩，而且大家需要他們作為榜樣，為眾人展現智慧的典型，只不過不是所有人都能起而效法。他對這個主題的態度，跟他面對其他不少主題、以及呈現在《隨筆集》中的思想一樣，一直在不斷地演進。《隨筆集》是他唯一的著作，把他的生命凝聚成三卷內容，其中包含他對自己、對世界、對社會、對人類與動物，以及對生與死的探討。儘管那個時代的法文讀起來不太容易，但他的文字饒富興味，包含了人性的寶藏與智慧。

蒙田面對死亡的態度，尤其能為他在思想上的演進提供絕佳的例子。他從西塞羅的格言[190]得到啟發，為《隨筆集》第一卷第二十章下了這個標題：「探究哲理是在學習死亡」。他在這一章中，就斯多噶哲學傳授了精彩的一課：我們和一般大眾相反，「腦袋裡經常想的只有死」，這樣才能對它越來越熟悉，當死亡真正來臨時就不再害怕。然而，等他到了晚年撰寫第

189 ｜ 蒙田，《隨筆集》，III，13。
190 ｜ 西塞羅，《圖斯庫盧姆談話錄》，I，30：「哲學家的整個人生是對死亡的沉思。」

三卷第十二章時，他承認，似乎自己終究還是覺得，從來沒有思考過死亡會比較好，就像他觀察過的那些農民一樣。死亡畢竟只是「終點」，生命的「盡頭」，既不是他的「目標」也不是他的「目的地」。總之，生命實在過於寶貴，不能拿來思考除了生命以外的事。

蒙田對基督和對蘇格拉底具有相同的仰慕，但他也覺得《福音書》的標準太過崇高：他評斷自己絕對無法付出生命，甚至財物，同時還不斷為他人的苦難獻出同情。他尋求的智慧要在自己能力所及的範圍內。他寫道：「我不是哲學家。各種痛苦以各自的份量踐踏我[191]。」他盡可能避開麻煩、無謂的論戰、棘手的狀況、複雜的難題。他努力不去想那些讓自己不愉快的事，不沉浸在憂慮中，而是為生活中微小的樂趣而高興，並盡量只想著能讓自己開心的事。

蒙田不僅在個人的生活奉行他日常生活的智慧，在職場上也是如此。從政時，他運用折衷的辦法避免對立，認為自己的角色主要是在找出必要的協商，而不是作出偉大的計畫，或是意圖造成體系上的革命。在他的個

191 | 蒙田，《隨筆集》，III，9，14。

人生活與從政生涯裡，有件事對他而言無庸置疑，那就是最好避免擾亂心靈的強烈激情，因為它會導向無盡的幻想，促生出極端的行動。

蒙田之所以宣揚適中而有節制的人生道路，是因為他要尋求適合自己的智行，要能**符合他的本性**，符合米榭・德・蒙田這個人。在此我們所觸及的，無疑正是他最獨特、也最深刻的見解。他批評古代各大學派，不僅是因為它們的理想讓人幾乎無法接近，也因為大家認為這些系統性很強的教義，理應符合所有人。然而蒙田深信，每個個體根據自己的特性、敏感度、體質、力量與缺陷，以及渴望與夢想，應該都能找到適合自己的幸福之路。蒙田批評各大哲學學派的**獨斷論**，以幾位希臘學者的懷疑論建立起這方面的批評，尤其是皮朗的學說[192]。他在《隨筆集》[193]篇幅最長、結構也最嚴謹的「為塞朋德辯護」這一章內，陳述了他的疑問：人類的理性是否有能力獲致宇宙真理，是否可以論述上帝或自以為識破了自然的謎團。

文章一開始嘲笑人類因為自大把自然的中心位置歸給自己，還表示要不是因為人類的驕傲，否則什麼也不能讓我們比動物更高等，甚至和動物

192 | 譯註：Pyrrhonisme，皮朗主義，亦即懷疑論。皮朗，Pyrrhon d'Elis，公元前360-275年，懷疑派哲學家。

193 | 同上，II，12。

有所不同：「這不是出於真正的論說，而是出於倔強與愚蠢的傲慢，才會讓我們喜愛自己更甚於動物[194]。」愛護動物、對動物有所了解的人，會很高興讀到他用了許多篇幅獻給動物的靈敏度，牠們的記憶、熱情，以及聰明、善良與智慧。

接下來他指責理論派的知識與科學，他首先指出，在涉及幸福的議題時，上述兩者對我們來說一點用處也沒有：「我看過許許多多的工匠與農夫，他們比大學校長更有智慧也更幸福，我想和他們一樣[195]。」然後他嘗試論證，人類的理性在領悟上帝、世界、真實與善良這些方面，有其根本上的無能為力。

蒙田很肯定地表示自己有信仰，並且相信上帝，但他確信這種信仰只能是人心受到神性啟發後的果實。所有過去與未來，在哲學形而上層面或在神學家經院哲學中對上帝的論說，全都是空談，只能反映出人類資質與激情具有「無法理解的力量」。

徒勞的還有意圖破解自然規律的哲學家，因為這個世界永遠不在我

194 ｜ 同上。

195 ｜ 同上。

們的理解範圍之內，沒有任何哲學體系能夠領會它的複雜與和諧。儘管如此，那些大思想家仍然不斷改變他們對上帝、對世界、對真實與善良的說法，他指出，那是因為人類理性一直都無法洞察所有這些事物。

那麼因此就得放棄思考、放棄探討哲理嗎？不。蒙田拒絕把自己局限在皮朗那種絕對懷疑主義的態度。在他看來，最好是在獨斷與懷疑之間找到平衡，哲學家康士在《蒙田，幸福的意識》一書中，就這一點作出了精彩的陳述：「和懷疑論者為伍，最好別急著就事物本體作出批評，不要表現出對任何事物的懷疑。跟獨斷論者為伍，就必須試著批評、試著表現出才智。這樣我們就不會懷疑，因為我們會組織出想法而且不會猶豫把它說出來；我們也不會獨斷，因為我們沒有陳述真理的意圖，表現的不過是某個特定時刻、在我們看來具有真理表象的東西[196]。」

所以蒙田對哲學家的責難，並不是因為他們表達出自己的意見，正相反，他們的意見對我們而言是珍貴的，能促使我們思考；蒙田批評的是，他們讓自己的想法披上絕對真理的外衣。也就是說，我們只能靠自己，以

196 | 康士，《蒙田，幸福的意識》（Montaigne ou la conscience heureuse），PUF，2002，p.63。

及生命中的各種偶然事件，來設想世界與上帝。所以這位哲學家永遠不會到達確信的程度。他能傳遞的只有**內心的信念**。換句話說，任何一種哲學表現，首先而且主要是某個人處在某個特定的社會、於歷史的某個特定時刻，看到、感受到並思考過的東西。性格悲觀的人會產生出帶有悲觀印記的哲學，就像樂天的人會傾向於帶著樂觀的眼光看待眾人與世界。

所謂欺騙，就是把自己的哲學，自己對人性、對世界以及對上帝的看法，制定得有如放諸四海皆準的系統。蒙田對形上學的嚴厲批判，比康德早了兩百年。這麼一來我們就更清楚什麼是《隨筆集》所追求的目標：表達出靈活而具有生命力的思想，遵循日常生活的體驗，主觀，有別於獨斷主義的任何一種企圖。毫無疑問，他是第一位有這種表現的現代思想家，尼采說的沒錯：「萬幸有蒙田這樣的人寫作，活在世上的喜悅確實因此得到提升。」

蘇格拉底在他這句名言中坦承「我唯一知道的，就是我什麼都不知道」，蒙田從這句話獲得啟發，以「我知道什麼？」為座右銘，並選擇天平作為自己徽章的圖案，象徵平衡與暫緩評斷。他說事物「具有百種成分與面貌[197]」，盡量增加不同的觀點，調整自己的看法，做到設身處地。所以他會那麼喜愛觀察、聆聽以及旅行。他結識的對象包括文化圈和各種不同領域的人士，以及他的遊歷，都使他堅信自己的相對主義：一切事物的感知，都依照每個人看待它、體驗它的觀點而定。我們認為自己的價值觀很好，但是它適合其他人嗎？這一點，不論涉及哪個階層的人都如此。

蒙田對新大陸印第安人的遭遇極度反感。不僅是因為征服他們的手段十分粗暴，還因為帶著優越感與輕蔑的態度面對他們的風俗習慣、信仰與宗教儀式。蒙田雖然是基督徒，但他認為宗教只是文化的表達方式，就跟語言或生活方式一樣：「我們只能以自己的方式、用自己的雙手來接受屬於我們的宗教，這和其他受到接納的宗教並無不同。〔⋯〕另一個地區，不同的見證，同樣的承諾與威脅有可能使用相同的方法，在我們的心裡留下不同的信仰。我們是基督徒，就像我們也許是佩里格人[198]或德國人[199]。」

197｜蒙田，《隨筆集》，II，37。

198｜譯註：Périgourdins，住在佩里格（Périgord）的居民，蒙田的封地就在佩里格。

199｜同上，II，12。

蒙田不只強調價值觀與宗教的相對性，還就新大陸的印第安人（他曾在皇宮看過幾個可憐的印第安人，被當成奇禽異獸展示）作出更深入的論述，他表示大家企圖使這些「野人」變得更文明，但事實上，是他們更適合教誨我們。印第安人的純樸給他留下深刻的印象，反觀我們的生活習俗已經讓我們逐漸遠離這項特質，這些男人和女人的生活如此貼近自然，他們單純、憨厚、老實，總而言之，很幸福。蒙田就歐洲城市裡的居民與「野人」，進行了嚴厲但公正的比較，前者衣食無缺但從來都不滿足，後者對日常生活的需求僅僅是「自然而必要的」，就像伊比鳩魯說的那樣，卻能始終感到愉快。談到巴西人，他觀察到他們「一整天都在跳舞還能處於幸福的程度，只想獲得自然需求所指定的東西[200]。」

蒙田說，正是把自己和他們作了比較之後，我們才會發現，儘管重視宗教、知識與物質享受，我們卻是「失常的」，無法依循自然秩序來得到幸福。我們把自己投射於外在的物質世界，不斷尋找幸福，可是幸福只能從我們自身找到，是我們從生命單純的快樂中所汲取的深刻滿足，不過大

200｜同上，I，31。

部分的人卻認為單純的快樂不值一顧。

因此認識自我才是最重要的，這裡指的是認識自己的本性。蒙田自問：對我來說什麼才是好的？他的哲學從他的感受、他的見聞，以及從自己身上獲得的觀察與體驗中展現出來。所以那是適合他的哲學，但也因此觸動了我們：他鼓勵我們也這麼做，重新學著以自己的感覺、體會及對自我的觀察加以思考，不要只憑藉學到的理論（別人的見解），以及所處社會的習慣和偏見來產生想法。

在此我們觸及蒙田思想的關鍵部分：他的教育理念。他抨擊教育工作者教給兒童各種知識，意圖把他們的「腦袋填滿」，但那些東西並不能幫助他們把日子過得更好。真正的教育計畫應該是要教導兒童發展他們的**判斷力**。要擁有美好人生，最重要的就是知道如何分辨並作出良好的評斷。判斷力的培養離不開對自我的認識，也就是說，教育工作者必須指導兒童依照自己的想法、感受及自身的體驗，對事物作出評斷。

這不表示我們不用傳授生活中重要的整體價值觀，例如誠信、正直、忠實、尊重他人以及寬容。然而最好是幫助孩子根據他自身的感受與看待事物的方式，來衡量這些價值。教導他認識自我並以開放批判的精神觀察世界，幫助他培養出個人的判斷力，讓他能為生命作出適合本性的選擇。總之，教育應該是教人如何正確思考，這樣才能活得更好。這一點我們之前已經提過，正是古人所理解的哲學主要功能。蒙田那個時代的教育目標是「滿滿的」腦袋，但我們這時代難道不也如此！不過，蒙田寧願那是「出色的」腦袋；與其要求知識的量，他更看重判斷力的質：「應該要打聽誰是程度好的學者，而不是詢問誰是知道更多的學者。我們只是努力把記憶力填滿，卻留下空洞的理解力與良知[201]。」

「喜悅必須加以擴展，但悲傷要盡量消除[202]」，這句話總結了蒙田對生活的規畫。顯而易見是個簡單的規畫，我們的本性自然會這麼做，可是蒙田說了，只有極少數的「文明人」會照著做；文明人傾向於把生命弄得很複雜，把日子過得很難受，要不就是因為生活失常，囿於永不滿足的欲

201 | 同上，I，24。

202 | 同上，III，9。

望，要不就正相反，讓扭曲的道德與宗教意識，帶給自己無法負荷的重擔。

為了增加喜悅，減輕悲傷，必須兼具兩個條件：學習認識自我與調整判斷力，這樣才能辨別什麼對自己最好，又不至於傷害別人。蒙田是個十足的享樂主義者，品嘗生命的每一天帶來的每一種良好的樂趣，諸如騎馬散心、品味佳餚、朋友間的交流等等，努力讓自己（依照本性）盡可能地感到快樂。不過我們提過他有兩點堅持：必須意識到自身的幸福、抽出時間感受它、盡量以最強烈的程度享受它，以及專注面對每一種體驗：「當我跳舞的時候，我就跳舞；當我睡覺的時候，我就睡覺[203]。」

如同他竭盡所能享受人生樂趣一樣，蒙田也力求免除人生的苦楚。他逃避所有可以避免的痛苦，而且我們也都看到，他謀求以折衷妥協來簡化社交生活，把它變得更容易接受，而不是挑起分裂，以偉大原則或政治熱情的名義使得問題惡化。

他的私人生活曾經帶給他痛苦的遭遇。面對健康上的考驗，他完全採取斯多噶派的做法接受它，視疾病為自然規律的一份子，所以他建議讓身

203 | 同上，III，13。

體自行修復，避免採用其他非自然的醫療方法。不過我們得說，他那個年代的醫學實在不值一提……他的六個孩子有五個夭折，「不無遺憾，但至少沒有怨懟[204]」，他平心靜氣，因為他認為死亡也屬於萬物的自然法則，難過也沒用。

出於同樣的道理，他譴責所有關於「犧牲」的想法，而且拒絕分擔痛苦。他說，痛苦的量剛剛好，不用把自己這一份加在別人的痛苦上。幫助他人，很好，但不要使自己受到傷害。要有勇氣行動，但絕不能高估自己的力量。

蒙田畢生的智慧表現為熱烈的、獻給生命的「贊同」。認識並接受自己的本性，這樣才能學著以最好的方式享受人生。擺脫所有可以避免的痛苦，並帶著毅力忍受必然的考驗，但仍然要試著欣賞讓我們高興的事。以生活經歷的質量與強度來彌補人生的短暫。況且也唯有這麼做我們才能毫無遺憾地面對死亡。「主要是因為此刻，」他在《隨筆集》的末尾寫道，「我意識到自己的生命如此短暫，我希望它能擴充份量；我想藉由迅捷的掌

204｜同上，I，14。

握，阻止它迅速的消失，以行動的魄力補償它過早的流逝；隨著生命所有權的逐漸縮短，我必須讓它變得更深刻也更飽滿。〔…〕就我而言，我熱愛生命、耕耘生命，而上帝樂於賜給我們的，正是生命[205]。」

大約在兩千年前，中國發展出一股哲學思潮，和上述來自佩里格的哲人，在思想上有著驚人的相似處，那就是道家思想。這股思潮源自兩個人物與兩本簡短的著作：老子和咸認是他所著的《道德經》，以及莊子與他的同名著作[206]。

據說老子的年代是在公元前六至五世紀，所以應該和孔子屬於同一個時代。老子原為周朝的守藏室史，管理書簡，可能因為政治紛亂而離開了他的國家。當他穿越邊界來到函谷關時，傳說應關令的請求寫下了《道德經》。此書共八十一章，內容簡短，以富有節奏感的韻文寫成。這部著作涵義深遠又有詩意，無疑是世界文學最偉大的作品之一。然而目前大部分的歷史學家指出，老子存在與否有待史實證明，《道德經》極有可能寫於幾個

205｜同上，III，13。
206｜目前的學者會使用比較嚴格的拼音方式：Laozi（老子）、Zhuangzi（莊子），但我偏向於保留以前的寫法：Lao-tseu（老子）、Tchouang-tseu（莊子），也較為大部分人所熟悉。

世紀之後，並且由好幾個作者共同完成。

至於莊子這個人，則幾乎可以確定屬於公元前四世紀末。公認由他撰寫、冠以他的名字的作品，屬於完全不同的文學類型，從內容可以看出作者的個性：愛嘲諷、抱持懷疑的態度、詼諧、絕對的自由主義者。他的著作在篇幅上更可觀，穿插了故事、軼事、寓言、趣聞以及饒有興味的對話，含有難得的哲學深度。就算這部作品有可能是在幾個世紀中，由他的弟子補充完成，但光是它的形式，就已經無可避免地讓人想到蒙田的《隨筆集》。

莊子的祖先來自南方的楚國，他和蒙田一樣曾經擔任過公職，然後隱居起來寫作。兩者都對意圖以政治行動改變世界的人表示強烈的懷疑。他們所抱持的懷疑論以及歷史循環的觀念，使他們認為認識自我、改造自我，比想要改變世界和社會更重要。因此，以下這段《莊子》裡的故事，對他本人的作風多所著墨：「莊子釣於濮水，楚王使大夫二人往先焉，曰：『願以竟內累矣！』莊子持竿不顧，曰：『吾聞楚有神龜，死已三千歲矣，王巾笥而藏之廟堂之上。此龜者，寧其死為留骨而貴乎？寧其生而曳尾於塗中乎？』二大夫曰：『寧生而曳尾塗中。』莊子曰：『往矣！吾將曳尾於塗中[207]。』」

另外一個值得注意的相似點：道家思想發生的背景為政治鬥爭猛烈的戰國時期，緊接著，公元前二二一年，開始了中國的帝國統一時代並一直持續到一九一一年！也就是在這麼一個紛亂的時期，中國早期的偉大思想家，紛紛試圖回應嚴重的政治與社會危機。孔子提出的是重視傳統的禮制，鼓勵從政以建立合乎道德的個人與社會，然而老子與莊子宣揚的卻是完全相反的道路：從人間紛雜的事務中退出，順應自己的本性，藉由對自然的觀察達到自我的改善。

雖然秉持儒家思想的哲學家也將自然視為智慧的典範，但他們看待自然的角度和道家不同。儒家主張人的智慧應仿照完美的天道，皇帝是天道的中心以及人間的最高表率。至於道家眼中的自然，則是充滿活力，形

207 | 莊子，《莊子》，第17篇。譯註：「莊子在濮河釣魚，楚王派了兩位大夫去看他，對他說：『我們的國君願意將國務托付給您。』莊子沒有收起釣竿，頭也不回就對他們說：『我聽說楚國有隻神龜，死了有三千年，貴國君王用布把它包起來放進箱子，收藏在崇高的宗廟裡。說說看，這隻烏龜是寧願一死以留下龜甲讓人收藏，還是拖著尾巴活在泥地裡呢？』兩位大夫回說：『寧願拖著尾巴活在泥地裡。』莊子：『你們走吧！我也寧願拖著尾巴活在泥地裡。』」《莊子・秋水》。

形色色，變幻不定，表面上看來毫無秩序的世界。道家提倡的智慧具有通暢、靈活、運動、自發的特性，追求的不是天人感應，而是與生命本身的豐富和諧共處。孔子希望藉由建立穩定的道德秩序來發展文明，而這正是老子，尤其是莊子，對他的批評所在，他們和蒙田一樣，主張人要擺脫文化與習俗的幻象，忠於出自本性的自發行為，聆聽深層的、獨一無二的自我，渴望與無常的自然天人合一。

在進一步說明道家思想的主要特點之前，還必須看一下「道」這個字，它是這一派思想的哲學與宇宙觀的基礎。**道**頗接近佛教觀念中的**法**，意思是「道路」、「途徑」。不過它也代表根本的原理、起源、開端、世界的根源。它支配宇宙、維持天地間的和諧。道，無法定義也無法理解。沒有任何字詞、任何概念能把它包含在內，老子以充滿詩意的文句來表達這個無法言說的狀態：

> 視之不見名曰夷

聽之不聞名曰希
搏之不得名曰微
此三者不可致詰
故混而為一208。

道也明確包含了流動、湧動的概念，展現出自然處於永不止息的變化中。它的確實面貌是**太極**，是我們感受到的宇宙，龐大的、活生生的有機體，受到宇宙因果定律的支配。一切都是獨立的，每個存在體都屬於具有生命的宇宙裡的一部分，並且和其他所有的存在體相連。中醫就建立在這種世界觀上，大宇宙與小宇宙互相對應。

在不斷湧動的宇宙生命中有兩股相反的力量穿過，那就是陰與陽。陽表現的是活躍的陽剛層面，湧現、分離、組織、征服。陰表現出被動的陰柔要素，接受、結合、消融、彌平。陽是光、是生命的出現、是火、太陽、白晝。陰是影、生命的消失／變化、寒冷、月亮、夜晚。不能把它們

208 | 老子，《道德經》，第 14 章。譯註：「用眼睛看看不見，說它無形，用耳朵聽聽不見，說它無聲，用手捉拿拿不到，說它無實體。這三點原本就合而為一，無法加以窮究。」

看成兩個敵對的力量，而是互補、不可分離的兩極。所有的生命都經由陰與陽的辯證，以運動的方式顯現與消逝——陰與陽就是以這樣的過程表現出來。

不同於儒家的智識主義，道家摒棄所有可能的知識體系，所以這一派哲學被標上了懷疑論的印記。莊子是重要的「解構者」，早於蒙田，他嘲笑那些聲稱說出真理的哲學流派，其實不過是自己說了算。他不接受所有單義真相的想法，並且不斷強調必須跳脫二元邏輯——也就是排除第三種情況的邏輯（一件事不是真的就是假的，不是這樣就是那樣）。對他來說正相反，一件事可以是這樣**也是**那樣。由於這個原因，他的推理是循環的，不具有指明性，他著手的方式是永遠保持檢視的距離，持續採用反駁的觀點。他也喜歡經由不順從社會規範的人、酒鬼、單純的人或是「不講理」的人，來表達自己的想法，甚至讓他們說出和知識份子相比更深刻、更反常的真相。

然而，就跟蒙田的表現一樣，他也知道如何證明、論斷、提出自己的觀點。他以內在的信念對抗獨斷主義的必然性，但同時他也知道內在的信念永遠是暫時的、可以質疑的。他說的不是：「我什麼都不知道」，而是：「我知道什麼嗎？」

莊子以解構的方式使用語言，尤其能表現出他懷疑的態度，因為文字很難完善地表達深度，陳述現實與生命中充沛而多變的豐富性。文字會以被限定的文化觀點遮住真相，從而僵化了真相，所以最好要提防文字，採取適當的角度加以評斷，甚至一笑置之。為了達到這個目的，莊子虛構出看起來很荒謬的故事與格言，用來打擊合乎邏輯的理性。就這一點看來，他是真正開啟禪宗**心印**的先驅，比佛教傳入中國與日本早了好幾個世紀。

為了不讓自己局限在語言的常規用法、不要受困於伴隨而來的知識與文化處境，諸如積極主義、唯意志主意、相信自然界存有人類至高無上的權力，所以應該回歸到觀察力、感受與經驗，讓自己以謙卑的姿態聆聽自然、聆聽宇宙「神祕的旋律」，它讓我們憑藉心與直覺和世界連接在一起。因此莊子關注的對象是工匠，執業講究精確與效率，不必使用思想：

雙手做出的，智力無法言說。他舉了屠夫的例子，此人講述自己如何以難以置信的靈巧宰割一頭牛，而且憑著他的經驗，多年來連刀刃都沒有鈍。這項鍛練在於明確定位出牛隻的各個關節，使他不必借助文字或思想就能擁有自己的本事[209]。這一點理應適用於每一個人：不是藉由研習理論知識來學習如何生活，而是藉由生活中的經歷、藉由身體與心靈的鍛練，這樣才能獲得實用的智慧。於是我們在莊子的教育原則中，也能看見蒙田的想法，強調人必須找回天性、自發性與生命的動力，教育與社會習俗意圖將它們抹去，但它們其實是最重要的部分。

說到這兒，我們進入道家智者傳授思想的中心：**無為**。我們一向學到的是運用意志的力量改造世界、對世界產生影響，然而老子與莊子在訓誨中所傳遞的智慧是接受，是感受、放任、流動與無欲的智慧。

將欲取天下而為之，吾見其不得已

天下神器

209 | 莊子，《莊子》，第3篇。

不可為也，不可執也
為者敗之
執者失之[210]
〔……〕
道常無為而無不為[211]。

此處涉及的不是消極，而是放手。這些箴言不是叫人認命，而是要激發出觀察力、耐力與機動性，不論是在行動上或做出反應都一樣。不必「強行」任何事，但要與之共行。莊子時常舉出泳者的例子：他在水中前進並不是把自己的意志力強加在波浪或水流的力量上，而是隨著它流動的趨勢：「與齊俱入，與汩偕出，從水之道而不為私焉。此吾所以蹈之也[212]。」

這個寓言讓我想到蒙田筆下的騎士，隨著坐騎的動作前進。康巴涅翁（Antoine Compagnon）[213]陳述得好：「此一形象說出了自身與世界的關聯：騎馬的形象，馬兒上面的騎士保持他的平衡，那是不牢固的穩定性。關鍵

210｜老子，《道德經》，第29章。譯註：「要取得天下並對它有所作為，我認為是辦不到的。天下是神聖、變化莫測的容器，既不能施以作為也無法加以控制，施以作為會敗壞它，加以控制會失去它。」

211｜同上，第7章。譯註：「道恆長久遠，不施加作為，然而沒有一樣事物不是出自它的作為。」

正是這個穩定性。世界在變動，我跟著變動：必須由我在世界之中找到我的穩定性[214]。」莊子愛游泳，要是他是位騎士，一定也會用這個再恰當不過的意象來表達，面對世界永不停止的運動，什麼是適合保持的關係。他也指出因為知識而來的成見以及自我（ego）所有的表達方式，如擔心、害怕、獲取成功的欲望、比較，都會讓我們變得痛苦，干擾生命的流暢。一旦消除這些屏障，我們就能用自然的方式調整自己，配合生命與世界的流動。

老子與莊子為了更佳突顯「無為」的卓越，採用弱者凌駕於強者至上的見解，跟社會上主導的價值觀相反。老子借助水的隱喻來表現這個想法：

天下莫柔弱於水
而攻堅強者莫之能勝
其無以易之

212｜莊子，《莊子》，第 19 篇。譯註：「隨著疾流潛入河裡，水流湧動就跟著浮出，順從水勢而非自己的意志，這樣我才能游於水中。」《莊子・達生》。

213｜譯註：康巴涅翁（Antoine Compagnon，1950-），生於 1950 年，文學評論家。

214｜康巴涅翁，《與蒙田共度的夏季》（*Un été avec Montaigne*），France Inter/éditions des Equateurs，coll.《Parallèles》，2013，p.20。

弱之勝強
柔之勝剛
天下莫不知
莫能行
是以聖人云：
受國之垢
是謂社稷主
受國不祥
是謂天下王
正言若反[215]。

還有一個形象也常常出現，那就是完全沒有行為能力的兒童，僅僅憑藉他的存在，就能使一干大人行動起來。他是家庭的中心，以沒有行動產生作用。所以聖人不應該像孔子所重視的那樣，以成熟的大人為榜樣，而

215 ｜ 老子，《道德經》，第 78 章。譯註：「天地間沒有比水更柔弱的了，但要攻克強勢就什麼都比不上它，它是無法取代的。柔弱克服剛強，天下人有誰不知，卻無能力履行。聖人說：經受一國勞煩污濁的事務，足以成為社稷的君主，經受一國的禍患災難，足以成為天下的王。內容正確的言語看起來倒像是錯的。」

要效法幼兒，於是老子寫道：

為天下谿
常德不離
復歸於嬰兒[216]。

莊子則為我們錄下這個簡短的對話：「南伯子葵問乎女偊曰：『子之年長矣，而色若孺子，何也？』曰：『吾聞道矣。』[217]」

「無為」的智慧通往**超脫**，也就是徹底接受生命與它的法則：出生、成長、衰退、死亡。如果智者不畏懼死亡，那是因為他把死看成是生命自然的節奏。不過當他面對親友的亡故所表現出的超脫，可能會讓周圍的人難以接受。

《莊子》記載了這個故事：「莊子妻死，惠子弔之，莊子則方箕踞鼓盆而歌。惠子曰：『與人居，長子，老身死，不哭亦足矣，又鼓盆而歌，不

216｜同上，第 28 章。譯註：「成為天下的深谷，恆常不變的本心不會離散，再度回到嬰兒的狀態。」

217｜譯註：「南伯子葵問女偊：『您這麼高齡，容貌氣色卻好似兒童，為什麼呢？』『我已經悟道了。』《莊子・大宗師》。

亦甚乎。』莊子曰：『不然。是其始死也，我獨何能無概然。察其始而本無生，非徒無生也，而本無形，非徒無形也，而本無氣。雜乎芒芴之間，變而有氣，氣變而有形，形變而有生，今又變而之死，是相與為春秋冬夏四時行也。人且偃然寢於巨室，而我噭噭然隨而哭之，自以為不通乎命，故止也[218]。』」

在此我們禁不住又想起，蒙田說到他對自己五個孩子的夭折「沒有怨懟」。他們兩位的教誨都是徹底接受生命本來的樣子，而不是我們憑著自己的意願，希望它是什麼樣子。他們還有一個相似點，那就是不論從哪一位身上，我們都能找到深刻的喜悅，那是已經知道如何熱愛生命、敞開心胸接受生命的人所具有的喜悅。莊子這位道家智者是個快樂的人。他活在此時此地，既不會反來覆去想著過去，也不會為未來擔心，完全接受與享受眼前的這一刻。他的喜悅來自無為，來自他了解如何融入**道**的流動，也來自生活，為的是進入與自然和諧共處的狀態，使本性達到圓滿。莊子告

218｜莊子，《莊子》，第18篇。譯註：「莊子的妻子死了，惠子前去弔唁，莊子正岔腿而坐，敲著瓦缶唱歌。惠子說：『她與你共同生活，生養子女，老邁而死，你不哭也就罷了，還邊敲邊唱實在過分。』莊子說：『不是的，她剛死的時候我怎會不傷心，後來想到最初生命並不存在，不僅沒有生命，也沒有有形之物，非旦如此還沒有孕育萬物的元素。混沌聚合之間變化出元素，元素變化出形體，形體變化出生命，現在變化為死亡，如同春夏秋冬的運行。她的身體已躺臥天地之間，我卻在一旁悲傷痛哭，想想這不是通達天命的作法，所以就不再哭了。』」《莊子・至樂》。

訴我們：「真人之息以踵[219]」，因為智者的全副身心與世界愉悅的氣息結合在一起：「而遊心乎德之和[220]」。他還「審乎無假而不與物遷[221]」。他是自由而快樂的：「而心未嘗死者乎[222]」，甚至是「無情[223]」，意思是「常因自然而不益生也[224]」。

凡是讓智者脫離**道**的氣息與和諧的東西，他全都加以摒棄，從中生出了他的喜悅。他在拋棄「自我」的時候徹底變成他自己、變成人。道家智慧的弔詭之處，正是在於忘卻自己來找到自己，拒絕有所作為所以發揮出影響力，在重新成為兒童的時候獲得真知，接受自己的缺陷因而成為強者，凝視大地轉而發現了天，為生命獻上完全的愛於是能泰然接受死亡。

說到這兒，最後仍然免不了想到蒙田。我們在他身上，就像在莊子身上一樣，都能找到這份對生命的愛與接受命運的喜悅，這喜悅就奠基在深刻的虔敬之中，即使一個指的是上帝，另一個指的是**道**，也不因此而有什麼差別。康士沒有宗教信仰，曾經就蒙田的思想寫了下面這段話，若拿來論說莊子也十分恰當，精彩道出這兩位懷疑論者、他們愉悅幸福的終極根

219｜譯註：「完全得道的人在呼吸時，氣息能傳到雙腳。」《莊子・大宗師》。
220｜譯註：「心神悠遊於不做好惡區別的和合境界。」《莊子・德充符》。
221｜譯註：「自己親身觀察事體但不隨之改變。」《莊子・德充符》。
222｜譯註：「他的心靈活動不曾（因為洞悉萬物而）終止。」《莊子・德充符》。
223｜譯註：《莊子・德充符》。
224｜莊子，《莊子》，第5篇。譯註：「順應自然的律動不多增添些什麼。」《莊子・德充符》。

源為何，又是如何敏銳地面對生命神聖的層面：

我們不需要轉身面對給予的那一位。想要出其不意地發現施予者的行動可謂魯莽。垂下目光。絕對的太陽不是為了讓我們看見，才使得一切發光。就讓我們因光芒而滿足，不要意圖探索根源。面向上帝真正的方法是面向世界，把世界當成饋贈迎接它。〔…〕對享樂表示同意包含了十足的謙卑。如果享樂的行為伴隨著謙卑與感激，就是真正感恩的行動。這是最道地的宗教行為，它與不可思議、不可探索，但又堅持付出的力量相通，那力量既是自然、也是自然的根源。應該以宗教的方式享樂，也就是尊重被享用的一方，懷著熱烈、專注、對奧祕的領悟[225]。

同時放聲大笑！

225 | 康士，《蒙田，幸福的意識》，已錄，p.88-89。

死亡畢竟只是「終點」，生命的「盡頭」，既不是「目標」也不是「目的地」。總之，生命實在過於寶貴，不能拿來思考除了生命以外的事。

我看過許許多多的工匠與農夫，他們比大學校長更有智慧也更幸福，我想和他們一樣。

喜悅必須加以擴展，但悲傷要盡量消除。

——蒙田

天下莫柔弱於水

而攻堅強者莫之能勝

其無以易之

弱之勝強

柔之勝剛

天下莫不知

莫能行

是以聖人云：

受國之垢

是謂社稷主

受國不祥

是謂天下王

正言若反。

——老子

21

斯賓諾莎與阿南達瑪依・瑪的喜悅

La joie de Spinoza
et de Mâ Anandamayî

喜悅是通道，

人類經由它從輕度的完美通往高度的完美[226]。

斯賓諾莎

226 | 斯賓諾莎，《倫理學》，III，2。

一六五六年七月二十七日，阿姆斯特丹的猶太會堂進行了少見的激烈儀式，長老宣布一道herem，它是正式的驅逐令，對象是個二十三歲的年輕男子，他受到指控製造異端：「我們以天使與聖人的評斷，開除巴魯赫．德．艾斯賓諾莎（Baruch de Espinosa）[227]的猶太教籍，我們驅逐他、懲罰他並公開譴責他。〔…〕不論白天黑夜他會受到詛咒。不論沉睡清醒他會受到詛咒。不論出入何地他會受到詛咒。主絕不寬恕。主的惱怒與憤恨從今而後降在此人身上，錄在法典的所有惡境也歸他。主在太陽之下毀去他的名字[228]。」

然而年輕的巴魯赫．斯賓諾莎不僅沒有遭受任何上天的詛咒，今天他的名字甚至照亮了人類思想的天幕：「所有哲學家都有兩種哲學思想：他自己的和斯賓諾莎的」，柏格森（Henri Bergson）[229]在三百年後這麼說。儘管如此，這個可怕的懲罰確實驅逐了葡萄牙商家的小兒子，他們一家為了逃離宗教法庭，來到阿姆斯特丹避難，這個喀爾文派的小共和國接納了為數不少的猶太人群體。這個年輕人本來叫做Bento，經過猶太化之後成為

227｜譯註：Baruch de Espinosa，Espinosa是斯賓諾莎的葡萄牙文，他出生在阿姆斯特丹的葡萄牙裔猶太人家庭。

228｜引用自達馬吉歐（Antonio Damasio）的著作《斯賓諾莎有道理。喜悅與悲傷，情感的大腦》（*Spinoza avait raison. Joie et tristesse, le cerveau des émotions*），Odile Jacob，2003，p.250。

229｜譯註：柏格森（Henri Bergson，1859-1941），法國哲學家，1927年諾貝爾文學獎得主。

Baruch，但遭到驅逐之後再一次改名，他選擇基督徒使用的Benedictus。不過他並沒有因此改信基督教，雖然他仰慕耶穌基督，況且他大部分的朋友是「新思想」的忠實擁護者，諸如笛卡兒（René Descartes）[230]、伽利略（Galileo Galilée）[231]或是洛克（John Locke）[232]的思想；新思想使得過去的世界陷入混亂，那是建立在《聖經》真理以及多瑪斯主義經院哲學的世界。斯賓諾莎後來選擇用拉丁文寫下以至福為導向的哲學作品。他前後三個名字，都代表「受到真福的人」。

斯賓諾莎以非常簡樸的生活方式追求幸福。他不僅放棄繼承父親的財產，也拒絕繼承朋友的財富，只接受微薄的年金，外加自己製造光學鏡片的收入。想來也頗有趣，盡可能鍛練心靈洞察力的他，從事改善視力的職業！這位哲學家選擇了不要建立家庭，終其一生都有朋友與學生作伴，他待過荷蘭的好幾個城市，住在租來的房子。住處往往只有一個房間，偶爾兩小間，裡面有他的書、寫字檯、磨鏡的設備，唯一讓他一直保留的物品是張帶頂的四柱床，他的母親在這張床上懷了他，父母過世後成了他一生

230｜譯註：笛卡兒（René Descartes，1596-1650），法國數學家、物理學家、哲學家。

231｜譯註：伽利略（Galileo Galilei，1564-1642），義大利數學家、物理學家、幾何學家、天文學家。

232｜譯註：洛克（John Locke，1632-1704），英國哲學家，開創啟蒙時期的先驅之一。

的床，最後也在這張床上死去。毫無疑問，在他遭受撕裂、威脅不斷的一生中，那張床象徵了某種延續性。

說到他的作品，即便以匿名的方式出版，仍然遭到查禁。其實大家都知道是誰寫了那本眾所周知的《神學政治論》，此書對《聖經》進行了根本上的、理性主義的解構，他鼓吹國政必須獨立於宗教之外，以保障表達宗教與政治意見的自由。儘管他承受不少恐嚇，有人甚至企圖暗殺他，但私底下他的作品卻廣為流傳，受到全歐洲知識份子的景仰。好幾個享有盛名的大學請他去，甚至路易十四也邀請他到巴黎講學，如此一來絕對可以得到優渥的年金，但是他全都拒絕了。他知道一旦接受邀請，自己就會喪失思想上的自由，所以寧願繼續從事磨鏡師這個收入有限的營生。

他的體質虛弱，千辛萬苦才完成偉大的作品《倫理學》，一部完全在探討幸福的論著，而他的目的只是要在眼前的世界，憑藉理性謀得救贖，也就是至福與無上的自由。他在去世前不久，曾經請朋友為他準備一桶啤酒和玫瑰果醬，好讓自己恢復健康，由此可知他所選擇的簡樸生活，並不像有些人所想的那種完全的苦行。他很可能是染上結核，一六七七年二月二十一日在住處去世，死時孑然一身，得年四十四歲。他的醫生朋友隨後來到，帶著他珍貴的手稿離去。多虧了一筆匿名捐款，《倫理學》得以在他死後六個月以《遺作》為名出版，但一出版就遭到查禁。

該書第一部主要談論神的主題；第二部是靈魂；第三部是情感。第四部談情感製造的束縛，第五部則是自由與至福。乍看之下我們不禁要問，這部著作到底是有些什麼讓宗教和政治當局那麼害怕。更何況這書寫得很枯燥，以幾何學的形式組織而成，還附帶定義、公理、命題、論證、註釋、推論，是本難讀又充滿挑戰的書。它枯燥乏味，封閉的形而上系統讀起來很沉重，很可能會遭到蒙田的唾棄（全都以必須接受的定義與公理為起點，並以邏輯的方式串連），然而其中的學識和思想深富革命性和啟發性。遇上斯賓諾莎可以改變人生。

我們不免要問是什麼原因促使斯賓諾莎以幾何學的形式建構《倫理學》。從這一點可看出當時的趨勢，就連笛卡兒也抵擋不住。斯賓諾莎為形而上的思想賦予了科學精神的嚴謹表象，但也具有施特勞斯（Léo Strauss）[233]指出的「受到迫害的風格」，我們可以從斯賓諾莎為他的用印所選擇的拉丁銘言加以證實：Caute，謹慎！不過，也不必帶著何維爾（Jean-François Revel）[234]尖刻的嘲諷來看這件事，他認為「這件外衣並不比活動本身來得更必要，而這場活動，就是拿刑法法典的格式介紹美食契約[235]」。我們其實可以設想，要是斯賓諾莎身處的體制容許完全的表達自由，他應該會選擇另一種方式書寫。

此外還得指出另一個難題：斯賓諾莎使用的是他那個時代的形上學用語，如神、實體（substance）、模式（mode）、屬性（attribut）、本質（essence）、存在（existence）、精神（âme）等等，在笛卡兒、萊布尼茲（Gottfried Wilhelm Leibniz）[236]或馬勒伯朗士（Nicolas Malebranche）[237]的著作中也能找到相同的字彙，但是，他有時會給用字新的含義。就像他視「神」等同於自然，這就和西方形上學的傳統作出極大的決裂，使他成了名副其實的「無神論」思想家，待會我就會說到這部分。

233｜譯註：施特勞斯（Léo Strauss，1899-1973），猶太裔德國哲學家，於 1937 年赴美。

234｜譯註：何維爾（Jean-François Revel，1924-2006），法國哲學家。

235｜何維爾，《西方哲學史》，已錄，p.404。

236｜譯註：萊布尼茲（Gottfried Wilhelm Leibniz，1646-1716），德國哲學家、科學家、數學家、外交官、法學家、邏輯學家。

237｜譯註：馬勒伯朗士（Nicolas Malebranche，1638-1715），法國神父、哲學家。

把議題再次轉回我們關注的幸福，也是《倫理學》的主要目標：從定義神即自然開始，接著致力於定義何為人類，以便建立倫理智慧，也就是力求引導人類通往至福與完全自由的理性之路。

在他的思想中最富現代感的觀點之一，涉及「情感元素」（affects）的中心地位，引起許多生物學家和神經學家的注意；他指的「情感元素」，今天我們用情緒、感情及欲望來指稱。斯賓諾莎是出色的人性觀察者。他描寫每種情感元素以及它們彼此之間的內在關係，手法可謂驚人的貼切，諸如喜悅、悲傷、愛、怒氣、渴望、野心、驕傲、仁慈、畏懼、恨、輕蔑、慷慨、期待、憂慮、高估或低估自己、滿足、憤慨、謙卑、懊悔、傷感，等等。他了解人類從本質上受到自身情感的驅使，遠遠早於叔本華和佛洛依德。

在那個年代，人們為了獲得精神上的完滿，特別注重對心靈的認識，各種德行與惡行。不過斯賓諾莎卻指出，通往自由與幸福的旅程，始於深度探索我們的欲望與感觸。根據他的解釋，他之所以堅持這個問題，是為了讓我們跨越殘酷的幻覺：具有自由判斷能力的幻覺。斯賓諾莎並不否認所有關於自由的看法，但自由判斷能力與我們所意識到的正相反，它不存在於我們的意志力，而是始終受到某個外界因素的影響。

人服從宇宙間因果關係的定律（我們再次看見佛教思想與斯多噶學派共有的基本觀念），只能借助理智來拋棄自己內在的順服性[238]，必須長期進行認識自我的訓練，讓人不再無意識地受到自身情感與不當想法所驅動。人不是天生自由，而是後天變得自由：《倫理學》的目的正是要提出方法，讓人取得喜悅的自由——斯賓諾莎視其為真正的**救贖**、解放，他說：「我所謂的順服性是人沒有能力控制與縮減他的情感；事實上，人屈服於情感，人並不屬於他自己而是屬於運氣，它對人具有何等的權力，以致於人時常受到限制，想著最好的，卻做出最壞的[239]。」

所以最恰當的做法是了解起因與作用的關聯，是它，決定了我們的思想、欲望與感情。為了達到目的，斯賓諾莎把人當成自然界服從宇宙法則

238｜譯註：ervitude，也有「奴役性」的譯法。
239｜斯賓諾莎，《倫理學》，第四部，序言。

的動物，並且強烈批評像笛卡兒那樣的人，他們「把自然界的人看作是帝國中的帝國[240]」。

斯賓諾莎面對人類不論哪一種「特殊性」，都避免先入為主的意見，這方面延續了蒙田的思想。他要表現的是，所有生物都必須經過研究，並根據他們有能力行使的情感加以區別（確切地說，這正是現代動物行為學的計畫）。這個目標使他擺脫了基督教與笛卡兒的二元論——藉由靈魂不滅的看法奠立靈魂勝於身體之說——將兩者徹底分離。斯賓諾莎認為，就算我們可以抽象區分出靈魂與身體，也無法在實際生活中將這兩者分離，因為它們同時運作，沒有高低之分。「靈魂」的拉丁文anima，雖然承載著神學與形上學的意涵，但斯賓諾莎很少使用這個字，他偏好心靈（mens）這個字。和笛卡兒相反，他不認為身體和心靈是兩個相異的實體，而是用兩種不同的模式，表現出合一且相同的現實：身體是「延展模式」，心靈是「思維模式」[241]。

闡明了這一點之後，斯賓諾莎表示「每件事物都會依循身為該物的力

240 | 同上，第三部，序言。
241 | 同上，III，2，附註。

量，努力保持自身存在的事實[242]」。此一努力（拉丁文作conatus），就是生命的宇宙法則，現代生物學也肯定這一點：「生物體的構成種類，使他能保護自身結構和作用的一致性，對抗生命中為數眾多的可怕風險[243]」，出自著名的神經學家達馬吉歐（Antonio Damasio）[244]，也是斯賓諾莎作品的愛好者。

斯賓諾莎還強調，每個有機體自然也會不斷努力，以獲得更完美的表現，**提升他的力量**。然而他會不停與外界物體接觸，這些物體或受他影響，或影響到他。當某個接觸、某個「影響」提升了他的行動力，他會從中得到**喜悅**的情感。相反地，若是處在比較不完美的地帶，行動力的減少會引發**悲傷**的情感。

因此，對所有具有感覺能力的生物來說，喜悅與悲傷屬於兩種最基本的情感元素。而且會一直完全附屬於把它們產生出來的外在原因。斯賓諾莎以這兩種情感元素為基礎來解釋其他情感。例如他把愛定義為「一種喜悅，伴隨某個外在原因所生成的想法而來[245]」，也就是說，當喜悅的情感元

242｜同上，III，命題六。
243｜達馬吉歐，《斯賓諾莎有道理。喜悅與悲傷，情感的大腦》，已錄，p.40。
244｜譯註：達馬吉歐（Antonio Damasio，1944-），葡萄牙神經學家、心理學家。
245｜斯賓諾莎，《倫理學》，III，13，附註。

素返回到引發它的想法時，那就是愛；就像恨來自於會產生悲傷情感的想法。愛著的人努力擁有當下並保存他所愛的人或物，同樣地，恨著的那人會盡力擺脫與毀滅他所憎惡的人或物。

斯賓諾莎明確指出，我們所有的情感元素都來自自身的天性，來自我們這個人以及我們特有的行動力。與這樣的人或那樣的物接觸，可以對雙方都有益或都有害，或是對一方有益，對另一方有害。重要的是能認清什麼才真正適合我們，什麼能提升我們的行動力，也就是我們的喜悅，以及什麼會減少行動力，產生各種形式的悲傷。

接下來的部分大概又會讓蒙田滿心歡喜了！是的，對斯賓諾莎來說，再沒有什麼會比普遍的行動或行為規則更荒謬（當然，城邦的法律除外）。每個人都必須學習認識自己，好發現什麼會讓自己感到幸福或是不幸，什麼適合自己，什麼能提升喜悅、降低悲傷。斯賓諾莎運用毒藥的隱喻，讓人理解決定一切的階段主要是生物性的：有些物體、事件或人，會毒害我們這個有機體，就像也有人事物能對有機體的成長與發展作出貢獻。如果我們願意一口喝下毒藥，是因為我們的心智已遭受污染，經由各式各樣不適合、謬誤的想法，讓我們在某些情感、想像力或外在道德的作用下，相信毒害我們的**其實**是對我們好。這就是為什麼必須真正認識**我們是怎樣的人**，才能知道什麼適合我們，但同時也必須放棄遵循一般認為適用於所有人的、專斷的、超驗的外在道德。

斯賓諾莎早於尼采，提出超越善惡的非道德世界觀，這是尼采極為仰慕這位荷蘭哲學家的眾多原因之一。斯賓諾莎用**好**與**壞**的類別，取代了宗教和形而上的善惡：「對於保存身心有益或有害的，我們說那是好的或壞的[246]。」對我們而言，「好」就是某個異體和我們本體相處和諧，增加了我們的力量，也就是我們的喜悅。「壞」就是不適合我們的異體會腐蝕我們，使我們中毒，讓我們生病，降低我們的行動力，為我們製造了悲傷。

好與壞首先就是以相對的方法指出什麼適合或不適合我們的本性。然而，就廣義來說，斯賓諾莎指的「好」是合理、踏實的生存方式，會根據使我們成長、適合我們本性、讓我們變得更愉快更幸福的種種，努力組織

246 | 同上，IV，8，證明。

我們的生活。他所指的「壞」是混亂、瘋狂、脆弱的生存方式，讓我們把自己和那些違反我們本性、降低我們力量的人或物連結在一起，最後會讓我們沉浸在悲傷與不幸之中。

在《倫理學》之外[247]，斯賓諾莎曾以獨特的見解，論述亞當眾所皆知的「錯誤」——不顧神的告誡，吃下「分辨善惡樹」的果子而墮落。他說，讓亞當視為道德禁令的告誡，其實不過是神的建議，要他提防誘惑，別吃下會毒害他的果子，因為那不適合他的本性。斯賓諾莎認為，亞當的錯不在於違抗了神，而在於沒有聽從祂明智的建議，以致於吃了果子讓自己生病。

正如德勒茲（Gilles Deleuze）[248]在他就斯賓諾莎所作的見解高超的著作[249]中所正確指出的那樣，斯賓諾莎對超驗道德的這番批評，也是對意識的批評，意識沒有辨識出原因和作用之間正確的邏輯關聯，而感到需要建立一個無法解釋的外在秩序，像是「你應該」、「必須」這種超驗、不合理的道德，來換掉能夠分辨好壞、十分理性的內在倫理。把我們重視的道德準

247 | 斯賓諾莎，第 19 封信，致 Blyenbergh。

248 | 譯註：德勒茲（Gilles Deleuze，1925-1995），法國哲學家。

249 | 德勒茲，《斯賓諾莎的實踐哲學》，〔 1981 〕，Editions de Minuit，2003。

則，歸因於外在無法解釋的秩序，這麼做讓我們可以找到舒適感，甚至是找到安慰。「你應該」這種超驗道德，允許我們不用去想是不是真的知道什麼是對自己好或壞的。

從此，熾熱的情緒不再被標示為罪或惡，不論在基督神學或古典道德都一樣，而是受到奴役的狀態，一種**順從**。我們再一次看出，整個《倫理學》的創作目的，是要藉由知識把人類從他內在的順從之中解放出來。

斯賓諾莎的學說並不因此而缺乏面對全體大眾的**法則**，這裡是指尊重他人與共同生活的固有法則。正相反，斯賓諾莎在他所有的著作中，都強調必須要有公正的法律，禁止一切加諸於人的肢體或精神暴力，全體公民都必須服從這個法律。不過他在《倫理學》要顯示的是，來自理性、共同且必要的法律，絕不會阻礙任何人追求自身的幸福，這個追求同樣也是理性的產物，必須帶領每個人以自己的努力去發現什麼對他是好的，什麼又是壞的。斯賓諾莎深信，要是個體能發現什麼對自己有益、什麼能讓自己幸福的話，對全體大眾的幸福與共同生活的品質，也同樣很有幫助：「當每個人都在尋找什麼對自己最有益的時候，每個人就能為人與人之間提供最大的益處[250]。」

換句話說，認識自我是公眾生活最寶貴的資產，因為它讓個體不再盲目受到熾熱的情緒所影響，這種情緒是一切暴力的根源。所以，如果每個個體都能受到理性的影響，從而達到完全了解自我的境界，所有人都充滿責任感，那麼就不再需要任何外在法律來維持城邦秩序，雖然斯賓諾莎沒有直接說出這一點，但也實在是再自然不過了。

在這藉由知識推進的漫長解放之路上，斯賓諾莎為知識區分出三個「種類」，三種了解的方式。見解與想像構成把我們留在順從狀態的第一種。第二種是宇宙的理性，它能辨識、區別、了解、整理我們的情感。第三種是直覺，多虧了它我們才能理解有限物與無限物之間的關係；也是藉由它，我們能夠察覺處於受到理性管理的內在世界與「存在」的整體之間，也就是個人的世界與整體的宇宙之間、我們與神之間，所具有的一致

250 | 斯賓諾莎，《倫理學》，IV，35，繹理 2。

性。這種直覺的體認能使我們獲得至福、最完美的喜悅，因為它讓我們和整個宇宙產生共鳴。

還有一個重點需要加以闡明：斯賓諾莎意識到，只靠理性，不足以進行這趟漫長而嚴苛的解放之路。它還需要引擎與能量。而**欲望**在他眼中就是引擎，引領人類從不完美的喜悅攀上越臻完美的喜悅。他說：「欲望是人的本質[251]」。而且，與其用意志力毀滅或扼止欲望，像佛教徒、斯多噶學派或笛卡兒所採行的方式，還不如運用欲望，調整它，引導它，朝著每一次都更加適當與正確的目標走去。

斯賓諾莎解釋，「欲望是帶有自身意識的本能渴求（appétit）[252]」（我們的本能渴求、衝動、需求都具有意識），他明確指出「某件事物並不因為它是好的我們就要擁有它，正相反，我們把想要的東西說成是好的[253]」。

反抗低劣欲望的最佳方法，就是以另一個更強有力的欲望來和它競爭。因此理性所扮演的角色，不在於評斷與抑制某個低劣的欲望（這是道德的作法），而在於產生新的欲望，理由更加充分的欲望能為我們帶來更多的喜

251｜同上，IV，18，證明。密斯哈伊曾特別強調：「斯賓諾莎學說的獨創性與現代性就存在於此」。哲學家密斯哈伊是最具有啟發性的評註者之一，他在作品中，就現代思想深入探討欲望與自由的概念（《幸福，論喜悅》，已錄，p.32）。密斯哈伊另有《關於斯賓諾莎倫理學的一百個字》，Les Empêcheurs de tourner en rond，2005。

252｜斯賓諾莎，《倫理學》，III，9，附註。

253｜同上，III，39，附註。

悅。

我們來看個具體的例子。我的姪女奧黛麗，二十三歲，曾經有過失敗的求學經驗，因為她覺得念書很無聊，所以選擇了職業高中的銷售科，但她的頭腦其實不錯。等她當了店員以後，她發現厭倦感有增無減，心想自己要是一輩子從事這個行業一定會很痛苦。受到好奇的天性與求知欲的驅使，她決定開始閱讀有關大眾文化的書籍；然後她發現自己對社會學感興趣，這門學問能滿足她深入了解這個世界的欲望。靠著自己的進修，她順利進入大學，在學業上有出色的表現，這些都讓她感到很幸福。奧黛麗身邊沒有任何人強迫她，或是對她說教，完全是自發性地明白：她的本質需要獲得知識才能發展。她把從事銷售的欲望，用另一個更適合自己的欲望（了解我們生存的社會）來代替。理性幫助她建立了這個新的欲望，並下了一番必要的努力來達成目的，其中包括負擔自己的學費。這個簡單的例子充分說明了斯賓諾莎欲望替換的哲學觀。相對於訴諸職責的所有強制性道德，斯賓諾莎建立的是出自欲望、具有吸引力的倫理。

他還進一步表示「要削弱或去除一種情感元素，唯有憑藉另一個相反的、比它更強烈的情感元素[254]」。意思是，理性與意志不足以消除某個擾亂我們的情緒或情感。理性與意志所扮演的角色，是在促使其他情緒或情感的出現，能比讓我們傷心的那些更有力量，這樣才能除去導致我們悲傷的原因。斯賓諾莎由此告訴我們，幸福不僅取決於去除干擾思想與情緒的警覺性，也在於發展正面思想與情緒的方式。之前我們也曾提過，要想得到幸福，光是致力於去除障礙或毒素是不夠的，還需要專注在激發生命的各種力量上：滋養愛的力量、喜悅、同情、善良、寬容、各種美好的想法、自尊等等。這就是當代正向心理學這個趨勢的基礎，它強調不能只著眼在我們的問題、受到擾亂的情緒上，這一點非常必要，我們必須而且尤其要考慮我們的生命潛能，培養可能對我們有幫助的一切，憑藉自身的資源，跨越我們的創傷與壓抑。克服恐懼最好的方法是培養信心。至於克服怨恨，就要發展它的對立面：同情心。

藏傳佛教就情緒的轉變下過最多的工夫，成績斐然，提出真正的「煉

254 ｜ 同上，IV，命題七。

心術」，這些精神修練是要培養出不會擾亂我們的情緒。例如自他交換法，這種禪修在於觀想引起憤怒、怨恨或恐懼的人物或情況。吸氣的時候，設想眼前有黑煙從負面的人或「客體」中散發出來，我們吸進它，呼氣時就對著這人或該「客體」吐出明亮的白色光芒。我們可以因此逐漸從某種負面的情緒轉入正面的情緒，把對某個人的怒氣轉為仁慈的愛，從憂慮某個情況變成處於安寧的狀態。

面對各種想法也是同樣的態度，那些錯誤的想法，或者該用斯賓諾莎所說的「不適宜」的想法，我們無須譴責去除它，而是將它與其他「適宜」的想法作出比較，意思是以更好的論點來反駁它，就像在運用拉力，強有力的論點能使理性參與其中。對斯賓諾莎來說，哲學之旅成了向前推進的歷程，把對事物不完美的理解導向正確的理解，把沒有節制的欲望導向美好的欲望，把狹隘的喜悅導向完美的喜悅，也就是他所說的**至福**。過程中，每個階段、每個進步、每個向前跨出的腳步都伴隨著新的喜悅，更為強烈，因為我們存在的實力同時也獲得提升。人就在一個又一個的喜悅之中，邁向至福與最高的自由，他的存在與神重合，而斯賓諾莎很明確地指出，神「就是自然[255]」。

我想以最後這一點，為《倫理學》簡短的概述作結。如果我們說無神論，就是否定《聖經》所說的人格神、造物主，那麼斯賓諾莎很明顯地就是無神論者，因為他否定這種神的存在，這種出自「神學家的想像」的神。不過，他的哲學並不能因此就定位成「唯物論」，這種情況時有所聞。因為，在他把他稱為「神」的「無限實體」等同於自然時，一點也沒有把它簡化為物質。在他看來，精神與物質合而為一，就像精神與身體由相同的實體構成。所以斯賓諾莎既是精神論者也是唯物論者。或說兩者皆非……

我們也可以認為他的思想帶有宗教性，但不是因為他遵守某個宗教的教條，而是因為他跟斯多噶學派的信徒一樣，他提出的觀點是，宇宙服從來自首要實體（神）的必然法則，而且唯有這個實體不含有因果關係。此外他還提出得救之道，這一點亞里斯多德也有相同的看法，那就是得救之

255｜同上，IV，序言、4，證明。

道在神性的沉思中完成：「我們至高無上的特質與至福，等同於對神的認識與愛[256]。」

斯賓諾莎一直否認自己是無神論者或反宗教者，關於這一點他表達得很清楚，但即使是出於政治上的審慎考量必須加以否認，我們也很難接受。不過可以理解的是，雖然他沒有宗教信仰但不因此而反宗教。他所提出的哲學之道，如同宗教，會導向得救與至福，不同處只在於經由理性和明智的欲望。他把這條自認為「極為險峻[257]」的途徑推薦給哲學家，也就是意圖經由理性智慧的道路脫離順從狀態的人。然而他絕不鄙視希望藉由奉行所屬宗教的信念與修行來獲得救贖的人，而且他們的數量永遠更多。

就算聖人和神祕主義者的「喜悅」來自信念而不是理性，事實並不會有所改變，那仍然是他們與神結合而產生的至福的果實。斯賓諾莎在《倫理學》中提到的至福，在他眼中最為完美，尤其還是最為穩定且持久，因為它不是主觀信念的產物，沒有添加情感元素的色彩，而是出於發揮極至潛能的客觀理性。神祕主義者**信**神（以人的形象出現），從他和祂的結合

256｜斯賓諾莎，《神學政治論》，IV，4。
257｜斯賓諾莎，《倫理學》，V，42。附註。

中得到喜悅，至於智者則是**認知**神（發現那是無限的實體），以自身體現神：「所有存在的，都在神的裡面，沒有了神，就什麼都不能存在也無從設想[258]。」

只要對印度哲學有點認識的人，都會驚訝斯賓諾莎和印度兩者間的形而上竟出奇相似，尤其是不二吠檀多學派的不二論。與其相對的是二元論：一邊是具有創造性、超驗性的神，另一邊是祂造出的世界，二元論宣揚兩者之間的區別，和猶太、基督與伊斯蘭這三大一神論宗教一樣。不二論的「公設」則是神與世界的統一性。神不存在於世界之外；世界與祂共享相同的實體；一切存在於神如同神存在於一切之中。不二論的思想奠定於好幾本《奧義書》之中（約略與佛教同一時期的古老經典），尤其是在公元八世紀時，由偉大的印度哲學家商羯羅發展而成。這門學說的精髓在於視神性的非人（梵brahman）與個體的自我（âtman）為一體。「自我」是存在於人裡面的「梵」，智慧的一切目的，是要體現「梵」與「自我」

258｜同上，I，15，命題。

之間沒有實體上的差別[259]。

商羯羅和斯賓諾莎一樣，並不輕視盛行於印度的二元論教派，他們以信念和愛為基石，讓數百萬信徒在崇拜某位神祇或其化身（指的是祂的啟示或體現）的同時，得以體驗親近萬物的精神生活。不過他也說，不二論能更深刻表達出實相：生命的完成是所有人類的終極目的，蘊含一切二元性的終止。智者因為擺脫了二元性所以成為「在世解脫的人」（jîvan mukta），此後就是「純意識的完美幸福，就是—」（saccidânanda）。解脫是覺悟的果實，既是知性的也是直觀的（prajnâ），跟斯賓諾莎的第三種知識十分相似，會帶來極至的幸福和無限的喜悅。可是，在不二論以及斯賓諾莎的思想之間，確實有一個重要的相異處。

斯賓諾莎否定靈魂不滅，然而印度的這個學說表明永恆的我（âtman）會轉世，從一段生命到另一段生命，從一個形體到另一個形體（植物、動物或人類），渴望脫離不斷的生死輪迴（samsara），並且在領悟我和梵的同一性時達到解脫（mokça）。

259 | 《歌者奧義書》，6，8。《七部奧義書》，Jean Varenne 翻譯、註釋，Seuil，coll.《Points Sagesses》，1981。

從某個觀點來看這是重大的差異，其中一方主張個體意識終止於身體死亡的時候，而另一方則否，但是上述的差異對獻身智慧之道的人來說不是那麼重要，因為他在眼前的生命中完成直觀，辨識出自己的存在與整個宇宙的同一性。由此顯現出的極至喜悅，對印度教教徒來說是「純粹的安樂」，對斯賓諾莎來說：「我們感受並體驗到自己是永恆的[260]。」永恆，但並非不會滅亡，事實上斯賓諾莎認為死後會發生什麼並不重要，因為我們已經從自身辨識出神性的實體，能在每一刻體驗神性實體的永恆，而它，就是無盡喜悅的來源。

哲學家朱利安尼（Bruno Giuliani）在他《和斯賓諾莎為伍的幸福[261]》一書中，就斯賓諾莎的思想，以及阿南達瑪依．瑪的教導，提出了精彩的對照。後者逝世於一九八二年，是印度當代重要的哲人，從未寫下隻字片語，由弟子抄錄她的教誨。讓我們舉出下列這段節錄的文句，同樣的內容也可以出自斯賓諾莎的筆下：

260｜斯賓諾莎，《倫理學》，V，23，附註。

261｜朱利安尼，《與斯賓諾莎為伍的幸福》（*Le Bonheur avec Spinoza*），éditions Almora，2011。作者以符合今日世界的手法，十分大膽地重寫了《倫理學》。他的文句時常遠離了斯賓諾莎的原文，但始終忠於原著的精神。

擺錘在幸與不幸之間變動不已，如何才能避免這種困境？你們沉迷在每一天的微小快樂之中，但是對至福、一切幸福的泉源卻毫不在意。你們還要像這樣原地打轉多久呢？難道你們可以一邊希望自己享受世上的所有樂趣，一邊又能抓住喜悅的至上源頭嗎？〔……〕你們應該明白，真正的喜悅只存在於精神生活。體驗它的唯一方法，就是認識而且理解什麼才是宇宙。為了看出整個世界具有神性，我們必須指引我們的心靈。我們那陳舊的世界必須消失。然而，我們必須以世界原本的樣子看待它，在所有的事物中看到神，載著所有的形體與所有的名字。神無處不在。我們唯一該做的就是睜開雙眼，從善的裡面也從惡的裡面看見祂，從幸福與痛苦、喜悅與悲傷，甚至是死亡之中看見祂。**生命**與**神**這兩個詞是可以互換的。清楚認識所有的生命是一，會賜與持久不變的至福[262]。

這位女士可說是印度當代闡述不二論的最佳代表，她的名字對我來說一點也不陌生。大約在我十五、六歲的時候，曾經有過一次奇特的經歷。

262 | 《阿南達瑪依．瑪的教導》，Josette Herbert 翻譯，Albin Michel，coll.《Spiritualités vivantes》，1988，p.181 與 p.185。

當時我正走在巴黎的梅迪西街上，盧森堡公園的對面有家書店，我的目光被它的櫥窗所吸引。我目不轉睛地看著一本書的封面長達好幾分鐘，上面正是印度當代哲人阿南達瑪依・瑪的照片。我不知道該如何解釋，但她散發著喜悅的臉龐，撼動了我的心。她就像是體現出絕對至福的「在世解脫者」，根據不二吠檀多學派的教義，他們完美地實現了自我，達到梵我合一的境界。我沒辦法遇到斯賓諾莎，看著他的喜悅放光芒，但我可以去找這位女士。於是當我滿二十歲的時候，我決定去印度住幾個月，那是一九八二年，我進入由她創辦的其中一間道場。可惜的是我沒機會看到她，因為那時她已處於臨終狀態，在我停留貝拿勒斯的期間就去世了。

後來我認識了她的法國弟子，擔任記者的德賈丹（Arnaud Desjardins），他是這麼說到她的：「我的生活讓我有幸能欣賞不少奇妙的事物，但是讓我印象最深刻的〔…〕就是在遠處看到了這個人、這個來自孟加拉族的印度女士，著名的阿南達瑪依・瑪。許許多多的印度人和西方人，都分享了那難以忘懷、充滿決定性的感覺。最成功的攝影師、影片中最美的畫面，都只能傳達一小部分她的光芒。完成自我的人所能表現出的方方面面，從兒童的燦爛笑聲到智者的無比莊重，全都經由她而顯露出來[263]。」他給了我幾張她的照片，我承認自己會時常拿出來看，感到無比的歡欣。閱讀斯賓諾莎帶給我喜悅，正如同阿南達瑪依．瑪的光芒表達出智慧的實現。

就在即將完成這一章的時候，我受邀到荷蘭海牙演講，那是斯賓諾莎最後居住的城市，多麼美好的巧合。趁這個機會我圓了長久以來一延再延的夢想，那就是參觀斯賓諾莎在一六六〇至六三年間住過的小房子，位於海牙郊區的萊茵斯堡（Rijnsburg），目前已變成小博物館。走進他當年撰寫《倫理學》的房間，如今收有幾乎他所有的藏書，真是令人激動！納粹理論家羅森堡（Alfred Rosenberg）對斯賓諾莎十分著迷，來到該地把他的藏書運到德國占為己有，卻沒發現當時有兩名猶太婦女就躲藏在閣樓上。

我在閉館的幾分鐘前才到達，管理員好心為我延後關門。在我正要走出博物館的時候，他請我在一本很大的簿子上簽名，還指給我看愛因斯坦

263 | 阿南達瑪依．瑪，《找回喜悅》（*Retrouver la joie*），從未發表的作品，德賈丹作序，le Relié，2010，p.11。

的簽名，從留言本上可以看出，一九二〇年十一月二日，他在哲學家的房間待了一整天。我知道這位科學家毫無保留地支持斯賓諾莎。一九二九年四月，紐約一位很有名望的拉比問愛因斯坦是否相信上帝，他說：「我相信斯賓諾莎的神，祂顯現在所有存在事物的和諧中，但我不相信關注人類命運與行為的神。」我看到他在萊茵斯堡的期間，還為斯賓諾莎寫了一首詩，掛在牆上的小框裡，這是開頭的第一段：

我多愛這位崇高的人物
筆墨無法形容
就怕他會孤獨下去
唯有光環圍繞身旁。

這段話和《倫理學》的最後一句話相呼應，總是讓我禁不住要沉思一番：「美好的一切總是既艱難又罕見。」

當每個人都在尋找什麼對自己最有益的時候，每個人就能為人與人之間提供最大的益處。

——斯賓諾莎

真正的喜悅只存在於精神生活。體驗它的唯一方法，就是認識而且理解什麼才是宇宙。

——朱利安尼

美好的一切總是既艱難又罕見。

——斯賓諾莎

後記
Epilogue

我很幸福，沒有任何理由的幸福[264]。

克里斯提昂・波班

264｜《宗教世界》期刊，訪問，2013年11-12月號。

老人坐在進城的路口，走來一個外地人問他：

「我從來沒來過這城市，住在這裡的人怎麼樣？」

老人反問他：

「那麼住在你那個城市的人又如何呢？」

「很自私，心眼又壞。就是因為這樣我才離開的。」外地人說。

老人又說：

「這裡的人也一樣。」

過了一會兒，另一個外地人向老人打聽：「我剛到這兒，請問住在這個城市的人怎麼樣？」

老人又問：

「這位朋友，那住在你那城市的人又怎麼樣呢？」

「他們心地好，待人也好。我在那兒有很多朋友。離開他們真教我難過。」

「這裡的人也一樣。」老人這麼回他。

不遠處有個商人在餵駱駝喝水，聽見這兩段對話。第二個外地人前腳剛走，他就靠過來用責備的口吻對老人說：「同樣的問題，你怎麼可以說出完全不同的答案呢？」

「因為每個人心裡各有自己的天地。」這是老人給他的回答。

蘇菲派的這個故事，把世上智者各不相同的類型完美地表達出來，就像我們在這整本書裡所看到的，最後我們會發現，幸福，和不幸一樣，都在我們的心裡。不幸的人到哪兒都痛苦；從自己身上找到幸福的人，不論周遭環境如何，到哪兒都幸福。康德、叔本華及佛洛伊德都宣稱，由於人類的欲望無止盡，所以全面而持久的幸福是不可能的，作為對這種悲觀主義的回應，東西方的哲人則說，只要不再想著讓世界配合我們的欲望，那麼上述的幸福就有可能。智慧教導我們想望並喜愛眼前既有的事物，教我們對生命說「是」。一旦我們改變自己看待世界的眼光，深刻而持久的幸福就會變成可能。因此我們會發現幸福與不幸不再那麼取決於外在的因素，而是取決於我們「自身的狀態」。

我翻開這本書看到這句關於幸福的社會學定義：幸福，就是喜愛我們每天過的日子。來到這趟旅程的尾聲，如果我必須以個人的想法為幸福下定義，我會說那就是「喜愛生命」而已。不只是此時此地能為我們保有滿足感的日子，而是喜愛生命本身，能在下一刻賜給我們喜悅或悲傷、好事或壞事的生命。幸福，就是熱愛生命，整個生命，包括其中的高潮與低潮、靈光乍現和黑暗時刻、愉悅及艱辛。那是熱愛生命的每個時期：幼年的純真與老年的衰弱；少年的夢想和心碎；成年的豐富及頹喪。是熱愛誕生，也愛死亡。是充分體驗哀傷毫無保留，正如同充分享受每個美好時刻帶來的喜悅毫無保留。是全心愛自己的親友。是珍惜生活的每個時刻。

可不要把痛苦和不幸混為一談。我們可以在受苦的同時又感到幸福，這一點乍聽之下真是很不合理。痛苦無法避免，但可以避免不幸。我們能擁有持久的幸福感，但同時仍會遭受痛苦的經驗，可是只要它是短暫的，就不見得會讓我們變得不幸。痛苦的存在是普遍的，但不是不可改變的。

我們全都經歷過痛苦，但並不因此而不幸福。雖然快樂不會與痛苦的狀態結合（受虐狂除外！），不過就算我們生病了，或面臨暫時的感情或職場挫折，也還是能保有幸福的感受。這不代表從此不用再做些什麼來去除痛苦。正相反，面對痛苦，必須避免一切宿命的想法，要盡一切可能，努力去除痛苦的原因。可是，如果我們無法改變局面，如果我們無力面對疾病，面對生命的考驗或不公平的對待，我們還是可以在內心行動，不要讓它們摧毀我們的平靜。

重要的是，絕對不要被痛苦打倒，也不要讓自己陷溺於不幸的情緒中。不幸來自於我們對痛苦的理解，不同的理解能夠決定同樣的痛苦是否會讓我們感到不幸。「不幸」這種感受是心靈的產物。許多人就算遭受考驗也無大礙，他們不是全都會變得不幸，至於那些覺得自己不幸的人，則有各種程度上的不同。

心靈會賦予痛苦意義，轉變它，放進更豐富的認知裡。女人生產受到身體上的疼痛，但她因為想到要生下自己的孩子，所以能同時感受到完滿的幸福；她用更寬廣的角度看待身體的疼痛，那就是自己的孩子即將來到世上。古代基督徒的方式更加激進，他們愉快地領受酷刑，深信此舉會讓自己來到最珍愛的上帝身旁，帶來永恆的至福。

所以，歸根結柢，幸與不幸的感覺源於心靈。不只是某些職業思想家或遙遠的古代哲人這麼想，就連和我們同時代的人也以過來人的身分這麼說，使得這句話對還沒有體驗過的人更加具有說服力。在此我要向讀者推薦我朋友喬里安（Alexandre Jollien）的著作，他在一間專門的治療機構度過十七年的光陰，那裡收容一出生就重度殘障的人；即使經歷過痛苦與懷疑的時刻，他仍然在作品中展現自己的喜悅。

在許多感人至深的見證中，我還想提一位荷蘭的猶太女性艾提．希樂孫（Etty Hillesum）[265]，一九四三年二十九歲的她被關進奧斯威辛集中營，並且在那兒去世。她在遭到逮捕前寫了兩年的日記，知道自己沒什麼機會能逃過集中營，她在日記中寫道：「當我們擁有了內在生命，人在集中營鐵欄的哪一邊，當然就不再那麼重要。〔…〕我已經在千百個集中營遭受

265｜ 譯註：艾提．希樂孫（Etty Hillesum，1914-1943），她的日記寫於 1941 至 42 年間。

過千百次死亡。一切都不陌生。再沒有什麼消息能令我不安。不管是用怎樣的方式，我已經全都知道了。然而，我還是覺得這一生很美好，充滿意義。無時無刻。〔…〕困難的障礙一直都是表象而不是事實[266]。」她在最後關進奧斯威辛的幾個星期前，被送到威斯特柏克（Westerbork）中轉營，她從那裡寄了幾封信給朋友，述說裡面可怕的生活條件。不過她始終保持對生命的愛：「我們必須讓目光固定在生命中那幾件重要的大事上，其他的都可以拋諸腦後。而且那幾件重要的事，在哪兒都找得到。必須學會從自己身上不斷把它們重新發掘出來，讓自己新生。然後，不論發生什麼事，我們都能一直喚醒原來的看法，大體而言就是：生命是美好的。〔…〕靈魂與精神的範圍那麼遼闊，無邊無際，以致於這一小撮身體上的不適和痛苦就再也不重要了；我不覺得自己的自由受到限制，而且我打心底認為沒有人能真正傷害到我[267]。」

這些文句讓我們想到斯多噶哲學家「內在的堡壘」，以及斯賓諾莎所說的最高的自由，這個自由和有選擇權、有行動力或表達自我的自由都不

266｜艾提・希樂孫，《打亂的一生，日記》，Seuil，coll.《Points》，1985。
267｜同上，在威斯特柏克寫的信，1943年6月26、29日。

一樣，艾提．希樂孫無法再享受上述的自由，但從她身上表現出來的內心喜悅的自由，沒有誰或什麼事能把它拿走。

繼佛洛伊德之後，卜克內也斷言今後人們很難再擁有智慧：「面對痛苦的智慧，如同古人以前所提供的、或是佛教徒目前仍然建議的德行，此刻我們沒有，將來大概也看不見，原因很簡單，智慧意謂著個人與世界之間的平衡，但這個平衡已中斷很久了，至少從工業革命之初就已失去[268]。」不說別的，希樂孫與喬里安就對該論點作出猛力的回擊。因為人類擁有心靈，所以就算這世界再怎麼動盪不安，不論是現在或將來仍然可以獲得智慧。我們不一定能改變世界，但永遠都能改變自己看待世界的方式，從內在的蛻變中汲取無法動搖的喜悅。

我還是得說，幸福無法左右，而且有時候我們不去尋找，它卻突然發生。不過幸福也可以來自日常的專注、警惕與內在的修練。希臘哲學家所謂的 askesis，苦行，從詞源上解釋是「鍛練」，也就是心靈的訓練。藉由持之以恆的修練，能讓我們跟隨希臘或佛教的智者，甚至斯賓諾莎的

268｜卜克內，《幸福書：追求生命中的永恆喜悅》，已錄，p.255。

腳步，努力從自己情感的「役使狀態」中解放出來。我們也可以跟隨莊子或蒙田的腳步，懷抱柔順與超脫，力圖以正確的方式生活來品嘗存在的喜悅，不必非得遵循最高的智慧。

為了獲得至高幸福或讓生活更美好而施行的所有倫理規範，完全是因為人對幸福與生命充滿渴望，這些規範才有意義。正如密斯哈伊所言：「倫理是重建生命的哲學事業，以喜悅為前景[269]。」我還想補充一句，我們大家都有必要探討哲理，也就是正確的思考，並以最貼近我們思想的方式生活。

我們可以用兩種方式想想喜悅，一是把它看成強烈的情緒，如高中會考順利過關、自己支持的足球隊贏得比賽、重新聯絡上某個珍愛的人，種種這樣的喜悅。或是把它看作持久的感受，其中浸潤著我們深刻的生命。後面這種喜悅不是單純、短暫的情緒，而是我們本質的實在狀況。當我們和自己、他人及宇宙全體和諧相處的時候就能感受得到。它源自幸福或是愛的效應，這也是為什麼我們會很自然地把喜悅和幸福與愛混在一起，諸

269｜密斯哈伊，《幸福，論喜悅》，已錄，p.56。

如活著的喜悅、感激的心境、對身心和諧以及自我與世界之間和諧共處的感受。它不是經由後天取得，不是什麼加在我們身上的外物。它早就和我們共同存在，我們該做的就是讓它顯現出來，它是去除障蔽之後的果實。這就關係到清理工作的進行，要獲得與生俱有、堅不可摧的平靜與自由，就要破除阻礙我們的屏障。

修練心靈在於消除所有會妨礙生活喜悅的習性。然而我們進行的方向卻正好相反，以清除身外的障礙來求取更多的幸福。我們拚命要提升物質享受，在事業上追求更高的成就，獲得親友更多的認可，期待身旁的人為我們帶來歡樂。我們把全副心力集中在外界，卻忽略了內在的修練：認識自我，克制一己的衝動，消除擾亂的情緒或是錯誤的理解。這麼做不是要忽略對外的付出，而是渴望幸福能更持久、更深刻，生活更美好的人，必然少不了內心的修練。

認識哲理被視為心靈的鍛練，使得埋藏在每個人心中的喜悅能獲得釋放。就像太陽始終閃耀在雲層的上方，愛、喜悅與寧靜也一直在我們的心底。希臘文eudaimôn（幸福）就表達成：eu（一致性）daimôn（天資、神性）；在希臘人看來，幸福，首先就代表人和自己美好的天資或自身的神性一致。而我會說，幸福，就是和深層的自我共振。

參考書目

經典著作（依出版年代序）

- BOUDDHA, *Sermons*.
- LAO-TSEU, *Tao-tê-king*.
- TCHOUANG-TSEU, *OEuvre complète*.
- PLATON, *Apologie de Socrate*.
- ARISTOTE, *Éthique à Nicomaque*.
- EPICURE, *Lettre à Ménécée* et *Lettres et Maximes*.
- LUCRÈCE, *De rerum natura*.
- EPICTETE, *Manuel* et *Entretiens*.
- SÉNÈQUE, *Lettres à Lucilius*.
- MARC AURÈLE, *Pensées pour moi-même*.
- MONTAIGNE, *Essais*.

- PASCAL, *Pensées*.
- SPINOZA, *Éthique*.
- KANT, *Fondements de la metaphysique des moeurs*.
- SCHOPENHAUER, *L'Art d'être heureux à travers cinquante règles de vie*. *Le Monde comme volonté et comme représentation*.
- FREUD, *Le Malaise dans la civilisation*.
- ALAIN, *Propos sur le bonheur.*
- ETTY HILLESUM, *Une vie bouleversée*.
- MÂ ANANDAMAYÎ, *Enseignement*.

經典著作的評論和分析

- JEAN-FRANCOIS BILLETER, *Études sur Tchouang-tseu*, Allia, 2004.
- ANNE CHENG, *Histoire de la pensée chinoise*, Seuil, 1997.
- ANTOINE COMPAGNON, *Un été avec Montaigne*, France Inter / Éditions

des Équateurs, coll.《Parallèles》, 2013.

· MARCEL CONCHE, *Montaigne ou la conscience heureuse*, PUF, 2002.

· ANTONIO DAMASIO, *Spinoza avait raison*, Odile Jacob, 2003.

· GILLES DELEUZE, *Spinoza, philosophie pratique*, Minuit, 1981.

· BRUNO GIULIANI, *Le Bonheur avec Spinoza*, Almora, 2011.

· MARC HALEVY, *Le Taoïsme*, Eyrolles, 2009.

· FRANÇOIS JULLIEN, *Un sage est sans idée, ou l'autre de la philosophie*, Seuil, 1998, coll.《Points Essais》, 2013.

· ALEXIS LAVIS, *L'Espace de la pensée chinoise*, Oxus, 2010.

· FRÉDÉRIC MANZINI, *Spinoza, textes choisis*, Seuil, coll.《Points Essais》, 2010.

· ROBERT MISRAHI, *100 mots sur l'*Éthique *de Spinoza,* Les empêcheurs de tourner en rond, 2005. *Spinoza, une philosophie de la joie*, Entrelacs, 2005.

· JEAN-FRANÇOIS REVEL, *Histoire de la philosophie occidentale*, NiL,

1994.

· ISABELLE ROBINET, *Lao Zi et le Tao*, Bayard Éditions, 1996.

當代文集

· CHRISTOPHE ANDRÉ, *Vivre heureux*, Odile Jacob, 2003.

· ERIC BRAVERMAN, *Un cerveau à 100 %*, Thierry Souccar éditions, 2007.

· PASCAL BRUCKNER, *L'Euphorie perpétuelle*, Grasset, 2000 ; Le Livre de Poche, 2002.

· ANDRÉ COMTE-SPONVILLE, *Le Traité du désespoir et de la béatitude*, PUF, 1984, 2 vol. *Le Bonheur désespérément*, Pleins feux, 2000 ; Librio, 2009.

· BORIS CYRULNIK, *Un merveilleux malheur*, Odile Jacob, 1999.

· ROGER-POL DROIT, *Les Héros de la sagesse*, Plon, 2009.

· ALAIN EHRENBERG, *La Fatigue d'être soi*, Odile Jacob, 1998.

· LUC FERRY, *Qu'est-ce qu'une vie réussie ?*, Grasset, 2002.

· PIERRE HADOT, *Exercices spirituels et philosophie antique*, Albin Michel, 2002.

· RICK HANSON, *Le Cerveau du Bouddha*, Les Arènes, 2011.

· ALEXANDRE JOLLIEN, *Petit traité de l'abandon*, Seuil, 2012.

· SERGE-CHRISTOPHE KOLM, *Le bonheur-liberté, bouddhisme profond et modernité*, PUF, édition revue 1994.

· ROBERT MISRAHI, *Le Bonheur, essai sur la joie*, Cécile Defaut, 2011.

· MICHEL ONFRAY, *La Puissance d'exister*, Grasset, 2006.

· MATTHIEU RICARD, *Plaidoyer pour le bonheur*, NiL, 1997, Pocket, 2009.

· MARTIN SELIGMAN, *La Force de l'optimisme Apprendre à faire confiance à la vie*, Dunod / InterEditions, 2008, Pocket, 2012.

感謝您購買 **幸福的抉擇：** 智慧和愛相伴的哲思旅程

為了提供您更多的讀書樂趣，請費心填妥下列資料，直接郵遞（免貼郵票），即可成為奇光的會員，享有定期書訊與優惠禮遇。

姓名：__________________ 身分證字號：___________________

性別：□女 □男 生日：

學歷：□國中（含以下） □高中職 □大專 □研究所以上

職業：□生產\製造 □金融\商業 □傳播\廣告 □軍警\公務員

□教育\文化 □旅遊\運輸 □醫療\保健 □仲介\服務

□學生 □自由\家管 □其他

連絡地址：□□□ ____

連絡電話：公（ ）_______________ 宅（ ）________________

E-mail：____

■您從何處得知本書訊息？（可複選）

□書店 □書評 □報紙 □廣播 □電視 □雜誌 □共和國書訊

□直接郵件 □全球資訊網 □親友介紹 □其他

■您通常以何種方式購書？（可複選）

□逛書店 □郵撥 □網路 □信用卡傳真 □其他

■您的閱讀習慣：

文　學 □華文小說 □西洋文學 □日本文學 □古典 □當代

□科幻奇幻 □恐怖靈異 □歷史傳記 □推理 □言情

非文學 □生態環保 □社會科學 □自然科學 □百科 □藝術

□歷史人文 □生活風格 □民俗宗教 □哲學 □其他

■您對本書的評價（請填代號：1.非常滿意 2.滿意 3.尚可 4.待改進）

書名____ 封面設計____ 版面編排____ 印刷____ 內容____ 整體評價____

■您對本書的建議：

請沿虛線剪下

Lumieres
奇光出版
客服電話：0800-221029
傳真：02-86671065
電子信箱：lumieres@bookrep.com.tw

請沿虛線對折寄回

廣　告　回　函
板橋郵局登記證
板橋廣字第10號

信　函

231
新北市新店區民權路108-4號8樓

奇光出版　收

請沿虛線剪下